安徽省2022年高等学校省级质量工程教材建设项目“研学旅行线路设计”（2022jcjs104）
2023年度安徽省质量工程项目：淮北师范大学文旅融合现代产业学院（2023cyts022）

研学旅行线路设计

文　斌　蒋作明　李双容◎主编

安徽师范大学出版社
ANHUI NORMAL UNIVERSITY PRESS
·芜湖·

图书在版编目(CIP)数据

研学旅行线路设计 / 文斌, 蒋作明, 李双容主编 .
芜湖 : 安徽师范大学出版社, 2024.9.
ISBN 978-7-5676-6701-3

Ⅰ.①研… Ⅱ.①文… ②蒋… ③李… Ⅲ.①教育旅游—高等学校—教材 Ⅳ.①F590.75

中国国家版本馆CIP数据核字(2024)第059302号

研学旅行线路设计 文 斌 蒋作明 李双容◎主编

责任编辑: 翟自成 责任校对: 卫和成
装帧设计: 张 玲 汤彬彬 责任印制: 桑国磊
出版发行: 安徽师范大学出版社
芜湖市北京中路2号安徽师范大学赭山校区
网 址: https://press.ahnu.edu.cn
发 行 部: 0553-3883578 5910327 5910310(传真)
印 刷: 苏州市古得堡数码印刷有限公司
版 次: 2024年9月第1版
印 次: 2024年9月第1次印刷
规 格: 700 mm × 1000 mm 1/16
印 张: 7.5
字 数: 118千字
书 号: 978-7-5676-6701-3
定 价: 32.00元

本书编写组

主　编：文　斌　蒋作明　李双容

副主编：曹婵婵　邱如梅　李晶晶

孙　园　于　淼　杨丹丹

目　录

第一章　研学旅行线路设计概述

【本章概要】

研学旅行作为一种将研究性学习和旅行体验相结合的校外教育活动，越来越受到中小学校的重视与青睐。研学旅行线路设计是研学旅行中的关键一环，本章从研学旅行线路及其设计的相关概念出发，从总体上理解和把握什么是研学旅行线路和研学旅行线路设计，学习研学旅行线路的特征、构成、类型和研学旅行线路设计的组合方式、组织要素、原则、类型等，深刻认识研学旅行线路设计的意义。

第一节　研学旅行线路

一、研学旅行及研学旅行线路的概念

目前，学术界尚未对研学旅行的概念形成统一意见。2018年，杨晓在《研学旅行的内涵、类型与实施策略》一文中提出，研学旅行既是一种综合实践活动课程，又是一种研究性体验性学习，更是以学习共同体的方式开展的集体性学习活动，是走向社会、走向自然，在社会和大自然等课堂

里面学习，在旅行中研究，在行动中探索，在实践中获得真知的教育形式[①]。2018年，殷世东、程静在《中小学研学旅行课程化的价值意蕴与实践路径》一文中提出，研学旅行是根据中小学培养目标和中小学生身心发展的特点而设计的一门综合实践课程，是培养学生发展核心素养有效路径之一[②]。2020年，沈和江、高海生、李志勇在《研学旅行：本质属性、构成要素与效果考评》一文中提出，研学旅行是立足实践、体验与互动相结合的教育活动，是引导学生走向社会的研究性、探究性的学习，其本质是一种校外素质教育活动，即通过旅行游览的认知、体验、感悟过程，获取有益的知识[③]。2022年，袁振杰、谢宇琳、何兆聪在《主体、知识和地方：一个研学旅行研究的探索性理论框架》一文中提出，研学旅行是旅游行为和教学行为的交叉，其教育要素的嵌入，使得旅游目的地的人地关系发生变化[④]。本书所说的研学旅行，指的是中小学生研学旅行，采用的是教育部等11部门于2016年11月30日印发的《关于推进中小学生研学旅行的意见》中的定义：中小学生研学旅行是由教育部门和学校有计划地组织安排，通过集体旅行、集中食宿方式开展的研究性学习和旅行体验相结合的校外教育活动，是学校教育和校外教育衔接的创新形式，是教育教学的重要内容，是综合实践育人的有效途径。

研学旅行线路是将一定区域内所选的研学旅行节点按照一定顺序进行逻辑串联而成的研学旅行预设轨迹。

---

① 杨晓：《研学旅行的内涵、类型与实施策略》，《课程·教材·教法》2018年第4期。

② 殷世东、程静：《中小学研学旅行课程化的价值意蕴与实践路径》，《课程·教材·教法》2018年第4期。

③ 沈和江、高海生、李志勇：《研学旅行：本质属性、构成要素与效果考评》，《旅游学刊》2020年第9期。

④ 袁振杰、谢宇琳、何兆聪：《主体、知识和地方：一个研学旅行研究的探索性理论框架》，《旅游学刊》2022年第11期。

二、研学旅行线路的特征

1. 空间特征

研学旅行线路经过的景点是一个个空间单元，这些空间单元通过交通线路连接成一个线性连续空间，并且可以交错成网。

2. 时间特征

设计研学旅行线路需要考虑研学旅行开始的时间、结束的时间、持续的时间及游览景点的时间顺序。

3. 成本特征

设计研学旅行线路需要考虑研学旅行的时间成本和经济成本。

4. 性质特征

研学旅行线路是根据研学旅行需求和研学旅行供给两方面的因素所推出的旅行综合产品，也可以认为是联结旅行者和旅行目的地的纽带。

三、研学旅行线路的构成与类型

（一）研学旅行线路的构成

研学旅行线路由研学基地、研学营地、行走路线、服务机构、研学目的地等节点和轨迹共同构成。其中最重要的是研学目的地，如从北京去西安、井冈山或海南进行研学，目的地不同，研学内容也各有侧重。

1. 研学基地

研学基地是为中小学生研学旅行提供研学实践教育活动的场所，包括各类青少年校外活动场所、爱国主义教育基地、国防教育基地、革命历史类纪念设施或遗址、优秀传统文化教育基地、文物保护单位、科技馆、博物馆、生态保护区、自然景区、公园、美丽乡村、特色小镇、科普教育基地、科技创新基地、示范性农业基地、高等学校、科研院所、知名企业以及大型公共设施、重大工程基地等优质资源单位。

2.研学营地

研学营地是为中小学生研学旅行提供研学实践教育活动和集中食宿的场所。研学营地应有供学生学习、活动、体验、休整、食宿的场所，且布局科学合理、功用齐全，还应有与研学实践教育活动相匹配的教学设施和器材，且各项教学用具、器材性能完好，能够满足开展研学实践教育活动的需要。优质的研学营地能够给学生提供独特的学习体验，能让学生的学习与旅行达成平衡。

3.行走路线

行走路线要围绕主题设计，沿途要有较为合适的活动地点，可以是科技馆、博物馆等，所选地点要在格调上与主题具有一致性。一条好的研学旅行线路可以反映出设计者的用心与对教学的理解，如何通过旅行的深入来循序渐进地达成教学目的是线路设计者所要考虑的。研学旅行所计划的活动地点，交通、住宿等要合理、安全，距离要合适，行程要紧凑，从而保证学生获得良好的学习体验。

4.服务机构

研学旅行服务机构是联系参加研学旅行的学校学生与研学目的地教学资源的中介。研学旅行服务对象是中小学生，必须强调研学旅行服务机构的专业性和安全性。根据专业性要求，研学旅行服务机构可由专业旅行社和专业教育机构组成，还要有专门服务于研学旅行的部门和专职研学旅行导游的队伍，服务机构要有研学旅行系列产品，并具有根据学校的教学内容定制研学旅行线路的能力。基于安全性要求，研学旅行服务机构要在近三年内无重大质量投诉记录及安全责任事故，并且对旅行车辆、驾驶员、行车线路、住宿、餐饮严格把关，杜绝出现安全隐患。

5.研学目的地

各种各样的因素都会影响对研学目的地的选择，例如旅行动机、生命安全、费用预算等。国外有很多学者都持有这样一种看法，即安全问题是影响一个学生是否选择某一特定的研学目的地作为最终选项的关键因素。

出于对安全的考虑，学校相关部门人员会直接剔除掉一些存在安全隐患的旅行场所，转而选择一些安全性相对较高的研学目的地。另外，研学目的地的选择还应该综合考虑学生家长们对于研学旅行的态度和意愿，以及目的地自身的特色和优缺点等。

（二）研学旅行线路的类型

研学旅行线路由行程串联型、主题聚焦型、中心辐射型、区域网络型四大类型构成，以下是对四大类型的具体说明。

1.行程串联型

行程串联型是按研学路程便利度形成研学旅行线路，利于在特定地域选择知名度高的特色基地，经济效益较高，易于被学生家长和学校认可，便于从旅行角度落地实施，协调对接已有成套方案。

在线路设计过程中，要注意提升教育价值，避免陷入“研学游”和“只游不学”；要注意提炼不同的研学主题，在不同阶段不同地点用不同主题引导学生深入研学，避免泛泛参观和知识灌输。

行程串联型又可分成以下三种类型：

（1）“省内+省外双截棍型”（如图1-1、1-2所示）

● 三门峡灵宝+西安

图1-1　三门峡灵宝函谷关历史文化旅游区

图 1–2　繁华的西安钟楼

（2）高铁串珠型

- 北京—洛阳—西安
- 北京—驻马店—武汉（如图 1–3 所示）
- 北京—商丘—合肥
- 西安—洛阳—驻马店
- 西安—洛阳—商丘

图 1–3　武汉黄鹤楼

（3）地域串线型

云南洱海（如图1–4所示）

大理港—金梭岛—天镜阁—小普陀—蝴蝶泉。

图1–4 云南洱海

2.主题聚焦型

主题聚焦型聚焦同一研学主题，按主题内在逻辑顺序形成研学旅行线路。主题研学便于设计活动任务，利于课程推进实施。主题研学教育目标有深度，利于形成深刻的研学体验。这一类型设计需要精心挑选教育价值和辨识度高且特色鲜明的研学主题，并且要综合考虑研学主题之外的特色资源，提升活动效益。主题聚焦型具体分类如下：

（1）优秀传统文化板块

优秀传统文化板块依托文物保护单位、博物馆、非遗活动场所、优秀传统文化教育基地等资源单位，引导学生传承中华优秀传统文化、弘扬中华传统美德、增强文化自觉和文化自信。

①文物主题：全国、省级、市级、县级四级文物保护单位（如图1–5所示）。

图 1-5 全国重点文物保护单位“京杭大运河—虎踞桥”标志碑

②博物馆主题：

文物保护单位博物馆：郑国车马坑遗址博物馆、大河村遗址博物馆、郑州商都遗址博物院。

专题博物馆：中国文字博物馆、黄河博物馆、郑州自然博物馆。

③非遗主题：郑州非物质文化遗产展示馆。

④文化基地：河南豫剧院、河南省文学艺术界联合会、郑州美术馆等文化单位。

（2）革命传统教育板块

革命传统教育板块依托爱国主义教育基地、革命历史类纪念设施或遗址等资源单位，引导学生了解革命历史、增长革命斗争知识、学习革命斗争精神、培育新时代精神。比如游河南学三大精神：愚公移山精神、红旗渠精神、焦裕禄精神。

①革命圣地：井冈山、延安、遵义、西柏坡、上海、南湖。

②革命遗址：新县鄂豫皖革命根据地。

③爱国主义教育基地：汶川映秀爱国主义教育基地。

（3）国情教育板块

国情教育板块依托体现我国基本国情和改革开放成就的美丽乡村、传统村落、特色小镇、历史文化名镇、大型知名企业、大型公共设施、重大工程等资源单位，引导学生了解基本国情及新时代中国特色社会主义建设成就，激发学生爱党爱国爱人民之情。

①美丽乡村：浙江桐乡。

②历史文化名镇：窑湾古镇。

（4）国防科工板块

国防科工板块依托安全教育基地、国防教育基地、科技馆、科技创新基地、高等学校、科研院所等资源单位，引导学生学习科学知识、培养科学兴趣、掌握科学方法、树立国家安全观和国防意识。

①应急安全实训基地：兰考应急安全教育实训基地。

②国防教育基地：嘉兴国防科普文化馆。

③科技馆：国防科技展览馆。

④大学：国防科技大学。

⑤专业研究院所：国防科技创新研究院。

（5）自然生态板块

自然生态板块依托风景名胜区、生态保护区、森林公园、野生动物保护基地等资源单位，引导学生感受祖国大好河山、树立爱护自然和保护生态意识。

①风景名胜区：南京钟山风景名胜区。

②生态保护区：鼎湖山自然保护区。

③森林公园：西山国家森林公园。

（6）劳动实践板块

劳动实践板块依托具有农业生产、工业体验、商业和服务业实习等劳动实践功能的高等院校、农业基地等资源单位，引导学生树立正确的劳动观、形成热爱劳动的良好习惯。

①农业生态园：泉岭现代农业生态园。

②大型实体企业：江苏太湖湾研学旅行有限公司。

③大型商业综合体：东启梁田劳动教育实践基地。

④职业院校实训室：乌兰察布医学高等专科学校劳动教育实践基地。

3. 中心辐射型

中心辐射型是以研学营地为中心，依托研学营地辐射带动周边研学基地形成研学旅行线路。其优点是特色研学资源便于组织、安全可靠，利于常态化开展研学课程，可有效降低研学成本。但中心辐射型需要切实平衡安排现有的示范性综合实践基地课程和研学实践课程。

如以宜昌市青少年实践教育基地（宜昌市青少年综合实践学校）为中心，向四周三峡大坝旅游区、秭归县屈原故里文化旅游区辐射，形成以宜昌营地为中心，以"三峡大坝·屈原故里"为研学特色的研学体系。参与这一研学旅行不仅能游览两大5A级旅游景区，还能穿越古今，深度学习体验屈原文化和水电文化。

主要内容：以红色教育、生态环保、工程文化为研学主题。参与者既可在三峡大坝听资深水利专家解密世界水电奇迹，参加三峡工程纸模拼装赛，还能在屈原故里听国学讲座，诵屈原诗歌，看端午风情，学民俗民艺。

4. 区域网络型

区域网络型是在某一固定研学地域内，融合全域研学特色资源，把域内多个研学营地和基地，联结成有效的地域研学网络系统。其具有上述三大研学旅行线路类型的所有优势，有效克服了单一线路类型的劣势。

该类型研学旅行线路有利于更深入地开展具有地域特色的研学课程，可以充分发挥地方政府集中力量办大事的优势，确保研学过程中的安全和活动效果，并可以有效提升区域经济发展水平和美誉度。在线路选择的时候，可以优先考虑研学资源富集区域和当地政府给予强有力支持政策的区域，尤其是把研学旅行作为"一把手工程"的地方。以灵宝为例，该地域的营地有函谷关营地、寺河山星空露营地，基地有函谷关历史文化旅游区、寺河山劳动实践基地、灵宝黄金研学实践基地。

第二节　研学旅行线路设计

一、研学旅行线路设计的概念

线路设计是研学旅行活动中的关键环节，学术界对该领域的研究包含研学旅行线路主题化设计、地理研学旅行线路设计、红色研学旅行线路设计等方面。2019年，王梓僮、谢维光在《佳木斯市中小学研学旅行线路主题化设计》一文中，对佳木斯市研学旅行资源进行了分析，其中包括农业研学旅行资源、湿地研学旅行资源、民俗研学旅行资源、森林研学旅行资源、红色研学旅行资源，分析后对其研学旅行线路进行了主题化设计的尝试①。2022年，陈长兴、陈银春、徐颖等人在《基于地理学科核心素养的研学旅行课程设计——以福建四大丹霞地貌风景区为例》一文中，综合考虑四大丹霞地貌风景区的资源特征与交通条件，结合新课标要求和研学课程目标，确定研学旅行线路为“武夷山—大金湖—桃源洞—冠豸山”，以凸显地域特色，促进学生发展②。2024年，黄文琴、王芳在《环塔里木研学旅行线路设计与实践》一文中，围绕东归精神核心思想，以传承和学习东归精神为主导，强调爱国主义精神、教育意义与研学旅行相互交融，设计出“学东归精神、游东归故地、赏东归民俗、询东归民情”的研学路线③。

研学旅行线路设计是将一定区域内的研学旅行节点依据一定原则进行选择，确定所选各研学旅行节点的活动方式，再按照一定顺序将各研学旅

① 王梓僮、谢维光:《佳木斯市中小学研学旅行线路主题化设计》,《北方经贸》2019年第4期。

② 陈长兴、陈银春、徐颖等:《基于地理学科核心素养的研学旅行课程设计——以福建四大丹霞地貌风景区为例》,《中学地理教学参考》2022年第8期。

③ 黄文琴、王芳:《环塔里木研学旅行线路设计与实践》,《产业与科技论坛》2024年第3期。

行节点进行逻辑串联使其成为研学旅行预设轨迹的工作过程。

二、研学旅行线路设计的组合方式

研学旅行线路设计的组合方式主要有时间组合、空间组合、功能组合、项目组合、人员组合等。

1. 时间组合

时间组合是研学旅行线路长短快慢节奏的组合。在时间安排上，研学旅行线路设计应依据不同学段学生的身心发展特点，保障研学活动衔接紧凑而不紧张，快节奏和慢节奏的实践活动交叉进行，做到张弛有度，为学生预留反思和总结的时间。

2. 空间组合

空间组合是研学点在地域密度上的组合。研学点是研学旅行线路主题的集中体现，其分布要尽量保持均匀，不宜过于分散或集中。若某地区的研学点较为集中，则适合采用节点状研学旅行线路；若某地区的研学点较为分散，则适合采用环状研学旅行线路。

3. 功能组合

功能组合是针对特定研学点而言的。其不仅包括常规的食、住、行、游、购、娱，还需配备与研究性学习活动相关的学习设备、场地、用具材料等，关键在于营造身心一体的研学情境，设计动态化的研学环境。

4. 项目组合

项目组合是研学旅行线路中多样化的活动设计及安排。其必须要找准活动与课程的结合点，将课程知识融入活动之中，从而充分激发学生的游览和学习兴趣，以更好地实现研学旅行的教育目的。

5. 人员组合

人员组合是针对不同年级、不同学科的群体所进行的组合。人员组合的核心是需求导向，要求依据各学科内容和学习阶段的渐进性，为不同年级的学生群体匹配合适的研学旅行线路及相应的项目组合。

三、研学旅行线路设计的组织要素

研学旅行线路设计的组织要素主要有设计人员、设计经费、设计资料、设计创意、设计广告等。

1.设计人员

作为开展研学旅行线路设计活动的关键能动要素，设计人员需具备足够的专业素养，要能够准确把握研学主体的需求，同时掌握研学旅行线路设计的原则、方式、步骤、衡量标准等内容，必要时可联合学校、教师等共同开展线路设计工作。

2.设计经费

设计经费是研学旅行线路设计活动的条件保障，具体包括调研费、劳务费等，这些费用作为定向支出，应严格控制成本。

3.设计资料

设计资料是研学旅行线路设计活动的基础，对此需筛选特定范围内的研学旅行资源，依据学科相关性、学生素质培养等条件进一步精选研学旅行点，并通过资料查阅、实地调查、深度访谈等方式获取真实丰富的信息资料，建立线路素材资源库。

4.设计创意

设计创意是研学旅行线路顺应时代发展的应对之策。学科知识的发展可谓日新月异，学生的研学需求也在不断变化，因此在研学旅行线路设计过程中应及时把握需求动态，注重对新产品、新线路的研究与开发，在经典线路的基础上进行内容挖掘和形式创新。

5.设计广告

设计广告是研学旅行线路走向市场的有力推手。一条好的研学旅行线路同样需要进行有效的市场营销推广，在这个过程中需要注意线上、线下相结合的市场推广方式，并做到发掘亮点、凸显特色。

四、研学旅行线路设计的意义

波澜壮阔的海洋、层峦叠嶂的山峰、星罗棋布的湖泊、百转千回的江河……这些自然风光，为我们国家的旅游产业发展提供了丰富的资源。

各个旅行目的地百花争艳，但若研学旅行组织者对旅行线路设计不恰当，则会使得大家在旅程中错过不少好风景，且缺乏教育意义。要体验不同的旅途风景，研学旅行线路设计至关重要。

中小学开展的研究性学习和旅行体验相结合的研学旅行，既是学校教育和校外教育相衔接的创新形式，又是教育教学的重要内容和综合实践育人的有效途径，更是对立德树人根本任务的有力践行。开展研学旅行，不仅有利于促进学生培育和践行社会主义核心价值观，激发学生对党、对国家、对人民的热爱之情，还有利于推动全面实施素质教育，创新人才培养模式，引导学生主动适应社会，促进书本知识和生活经验的深度融合。

中小学生在集体旅行的过程中，既能培养团队意识、责任意识，又能提高对美的鉴赏能力。我们在中小学教育中强调“德智体美劳”全面发展，而研学旅行对促进学生德智体美劳全面发展具有积极作用。

短期来看，研学旅行有较强的教育意义、实践意义和公益性。长期来看，学生既能从社会和大自然中汲取自身发展的力量，又锻炼了自己的实践能力、团队协作能力、问题处理能力，还培养了自己的社会责任感、创新意识以及对美的鉴赏能力。线路设计是研学旅行的重要一环，深刻地影响着研学旅行的实施效果和目的实现。因此，好的线路设计对于整个研学旅行有着重大意义。

五、研学旅行线路设计的原则

1.典型性原则

研学点的选择要真实典型，其具体含义有三层：一是独特性，强调与众不同、特色鲜明；二是概括性，着重揭示具有普遍意义的特征、社会生活的本质或趋向；三是完整性，要求事物处在真实环境或意境中，不可分裂或断章取义。

2. 可行性原则

研学旅行线路设计的总体方案需要在限定时间内贯彻落实，这至少包括以下三点要求：一是方案要与课程教学内容、目的相匹配；二是研学点需与研学主题相适应；三是各研学点需有必要的基础配套设施和一定的接待能力。研学旅行让学生走出传统的课堂，接触社会，接触大自然，研学旅行线路设计如同一座桥梁，将课堂和实践紧密联系起来。在研学旅行过程中，学生可以把课堂上学到的理论知识应用于实践，让知识不再仅仅停留于书本。

3. 经济性原则

在保证研学旅行效果的前提下，线路设计应考虑所选研学点的位置和距离，短线的研学旅行尽量选择分布集中的研学点，长线的研学旅行尽量选择呈环线分布的研学点，以节约研学旅行的时间成本和经济成本。

4. 最优性原则

研学点的选取和线路的设计要力争最优，同时也要考虑恰当的出行时间，使研学效果最优化。具体来讲，研学点的结构布局和安排应注意以下三点：一是各点间距离适中，避免大量时间和精力花费在交通上；二是择点适量，强调对研学效果的兼顾；三是顺序科学，应符合教学规律，做到循序渐进，不断调动学生的研学积极性，强化实践效果。

5. 安全性原则

安全是研学旅行线路设计最基本、最重要的要求，内容包括饮食、住宿、交通、游览、购物、娱乐以及学生自由活动等多方面，可通过前期排查、中期监控、后期复检等方式来加以保障。一条好的研学旅行线路一定是综合多方面因素考虑的，永远把安全摆在第一位。

6. 兼容性原则

研学旅行线路应做到主题鲜明，即以一个学科主题为主，但也可以兼顾其他研学内容，做到不同研学内容在同一线路中的相互协调、互为依托。

第三节　研学旅行线路设计类型

一、根据空间尺度分类

1. 远程线路

远程线路设计的空间范围大，一般总里程超过1000公里，全程旅行时间在5天以上，交通工具一般为飞机或火车。远程线路研学往往安排在学生寒暑假，旅行范围大，涉及多个国家或地区，旅行费用高。考虑到各个要素、环节，以及客源地与目的地之间的各种自然、文化差异，远程线路设计难度大，风险也较大。

2. 中程线路

中程线路的旅行时间、旅行范围、旅行费用介于远程线路和近程线路之间。旅行里程一般在200—1000公里，旅行时间在2—5天。中程线路研学往往安排在学生寒暑假或黄金周期间，交通工具选择较多，飞机、火车、汽车、轮船均可。一般为国内游或与邻国之间的跨国游。旅行费用较高，线路设计难度较大，要考虑到各种旅行要素间的衔接和安排。如果是国际中程旅行线路，还要考虑到客源国与目的地国之间在社会、政治、文化等方面的差异和签证、货币、安全等因素，一般需要专业服务机构的配合。

3. 近程线路

近程线路旅行里程一般在200公里以内，旅行时间短，大都当天往返，即一日游。旅行范围小，旅行费用低，主要集中在本省、本市、本县范围之内，偶尔会涉及邻省。近程线路设计难度小，目的地距离学生常住地很近，组织者较为熟悉，风险较小。

二、根据运动轨迹分类

1.周游型线路

周游型线路是研学旅行者从客源地出发，沿直线或环线依次游览若干景点，然后再回到客源地的线路。此线路中包含的景点多，旅行线路呈闭合环状。周游型线路设计难度较大，旅行活动安排紧凑，在景点的时间有限，较多的时间花费在交通上。周游型线路有利于学生观察、了解更多的研学景点，有助于丰富学生的体验，锻炼学生的综合能力，但由于行程较紧张，学生易感到疲惫，对研学中的知识理解及消化存在困难。

2.逗留型线路

逗留型线路是研学旅行者从客源地出发，到达某一目的地，选择该目的地内具有完备服务设施的研学营地或基地为研学对象的线路。逗留型线路所选择的目的地不多，但在目的地的逗留时间较长。一般来说，逗留型线路所选的目的地具有完善的旅行基础设施，旅行服务水平、社会治安、旅行供给能力也较好，可以减少住宿更换的麻烦，对学生来说有更充裕的时间深入了解旅行目的地的风土人情、自然风光等，旅行体验感较好。旅行线路设计相对简单，时间安排宽裕，风险较小。

三、根据组织形式分类

1.包价式线路

包价式线路是研学旅行者通过向专业服务机构一次性付费购买包括交通、住宿、餐饮、门票、保险、导游服务等在内的旅行产品的线路。该线路时间性强，对研学旅行者来说较省心，也可以节省旅行费用。

2.拼合式线路

拼合式线路是由学校与专业服务机构共同商议，在整个旅行线路设计中有几种分段组合，研学旅行者可以在购买时自行选择和拼合，并且在旅程中可以改变原有的选择的线路。该线路灵活性大，研学旅行者选择余地大，同时又可借助专业服务机构在交通、住宿等接待方面的专业能力，一旦拼合好后，和包价式旅行产品一样方便。

3. 自助式线路

自助式线路是由学校自行组织研学旅行活动的一种线路，其线路设计的旅行活动的实施没有专业服务机构的介入。该线路往往适用于学生较熟悉或距离学生常住地较近的区域，研学计划性较强，学校提前确定交通线路、研学地点，制定研学方案，学生可根据自己的时间、预算、兴趣、偏好等收集资料，计划行程，选择旅行景点和活动。

第二章　研学旅行者出行模式与线路选择

【本章概要】

研学旅行的目的是提升中小学生的知识与技能，拓宽学生的眼界和视野，培养学生的独立能力与创造精神。因此，只有在行程前精心组织，选择合适的项目与线路，加强与专业研学旅行机构的合作，才能在行程中让学生尽情感受研学旅行的乐趣，并在旅行结束后收获美好的记忆与技能。本章从研学旅行者出行模式出发，分析了不同类型研学旅行者出行模式的特点，探讨了研学旅行者选择研学旅行线路的原则及影响其选择的因素，有助于研学旅行者确定研学旅行线路及方案，以期实现研学旅行的价值。

第一节　研学旅行者出行模式

一、根据组织及实施方式分类

1.学校主导模式

在近距离研学旅行时，如学校周边或市内的研学旅行，应优先考虑学校主导、教师带队的模式。此模式可最大限度地满足学生在知识获取上的需求，并可有效展现教师的学识水平和个人魅力。但学校主导模式需要学校负责研学旅行的整个过程，包括行前、行中和行后，需要教师提前准备预案，并对研学地点的交通、食宿、医疗设施等做好调查与安排，对教师的要求较高。若由学校自行组织研学旅行，应与学生家长签订相关协议书，以明确双方的权利和义务。

2.服务机构主导模式

研学旅行服务机构包括专业旅行社和专业教育机构。可由学校出面，直接向研学旅行服务机构购买适合学生的研学产品。通常而言，服务机构经验丰富，研学旅行的线路成熟、安全系数高。对于距离较远或人数较多的研学旅行，为保障学生的出行安全，可考虑服务机构主导模式。学校在选择专业旅行社或专业教育机构时，要精心挑选，考核服务机构的资质，明确双方的权利和义务。

3.学校和服务机构合作模式

学校和服务机构合作是较为理想的组织模式，尤其是研学旅行开展之初，学校和教师缺乏相关经验，可与服务机构有效合作，优势互补。由学校负责研学主题的选定、研学目标的制定及研学内容的设计，教师负责提炼知识要点，指导学生有效预习，进行安全出行宣传，并且配合导游共同负责研学途中的讲解和答疑，使研学旅行的教育性和体验性都能得以体现。服务机构主要负责交通、食宿、线路规划、景区讲解及旅行中的安全问题和商业保险等。

二、根据活动行为分类

1.周游模式

周游模式的研学线路中一般包括多个旅行目的地，可以根据研学目标选择相同、相近主题的旅行目的地进行组合开展研学旅行，也可以选择类型不同但能形成互补的旅行目的地进行组合开展研学旅行。该模式的研学旅行具有如下特点：研学旅行距离较长、时间较久，研学旅行者学习内容较多，对学校、教师及专业服务机构要求高，研学旅行者重复利用同一线路的可能性小，其成本相对较高，风险也较大。

2. 逗留模式

逗留模式的研学线路所串联的旅行目的地相对较少，有时甚至就一两个旅行点，重复利用同一线路的可能性大。研学者一般会选择基础设施配套齐全的综合性研学营地、基地来达到研学目标。逗留模式对学校、教师及服务机构来说风险较小，也便于对研学旅行者进行统一管理。

三、根据研学内容分类

1. 自然教育模式

自然资源是研学旅行中的一种重要的旅行资源。学生亲近自然，对自然界有一种天然的接纳和熟悉，天性自然而然地得到释放。尤其是学生通过对大自然中的树木花草土石山水的触摸和感知，接受大自然最直接的教育，可以培养他们对大自然的兴趣，增加他们对大自然的了解，训练他们的体格和性情，陶冶他们的审美和情操。自然教育模式可由学校或专业服务机构来组织实施，包括野外教育探险、大自然中的动植物观察和景观观赏等活动。

2. 生活体验模式

研学旅行是促进课堂书本知识和生活经验深度融合的一种重要方式。生活体验模式的研学旅行是为了培养学生的生存能力。该模式由专业服务机构创造或模拟生活情境，将学生置于其中，让学生从中接受生活教育、实践教育。也可由学校或专业服务机构组织学生直接接触真实社会生活环境，从而为学生创造生活教育体验，在真实情景中学习，在社会生活中实践，使学生得到真正的生活历练与成长。

3. 文化考察模式

研学旅行是了解不同文化的最佳途径。文化考察可以增加学生对各类文化的认识，培养学生的跨文化意识、跨文化理解力及跨文化交际能力，提高学生欣赏与学习不同文化的能力，在文化考察中发现对方的长处和自身的不足，从而相互促进、共同提高。该模式的研学旅行往往距离较远、成本较高，且风险较大，需要学校与专业服务机构合作开展。

4.交换学习模式

交换学习模式的研学旅行可以实现城乡互换、城市互访和不同区域学校间的交流，利于建立跨地域、跨国籍的文化了解渠道，使学生得到多方面的综合体验。此模式可由学校与服务机构通过目的地旅游部门或教育部门安排进行，实现综合性、全方位的研究性学习，符合许多中小学生尤其是高年级学生的需求。

第二节　研学旅行者线路选择

一、研学旅行线路选择的原则

1.主题明确原则

研学旅行课程是校园基础教育课程的延伸，它可以与校内课程相衔接。研学旅行有利于学生深入体验研学探究的过程，学会科学探究的基本方法，加深对自然、社会、文化、历史的认识；有利于学生形成科学的自然观和严谨求实的学习态度。在研学旅行线路选择中要明确研学主题，以校园教育为主，在保证安全的基础上为学生提供具有多样性、可供选择的研学课程，为学生未来的发展奠定基础。

2.地域性原则

各学校在选择研学旅行地点时，应根据本地域的历史文化背景及自然地理环境特点，优先选择本地域的研学地点，凸显地域特色，更具可行性、节约性、便捷性与低风险性，并能增强学生对家乡的了解与热爱。

3. 开放性原则

充分利用丰富多样的研学资源开发研学线路，体现研学目标的多元性、内容的广泛性。在选择研学旅行地点时，可将自然、人文等不同类型的研学资源进行整合，更好地发挥研学旅行的价值，增加研学旅行者的收获。

4. 体验性原则

研学旅行突出体验实践，注重培养研学旅行者的创新和实践能力，变知识性的课堂教学为发展性的体验教学。研学旅行着眼于生活实际，把学生从校园生活层面引领到更广阔的社会生活舞台，加强教育的生活性和体验性。

5. 安全第一原则

研学旅行涉及方面多、部门多，在选择研学旅行地点时，学校、教师及服务机构应尽量避免选择危险性高、交通医疗食宿等不够便利的地点。在组织开展研学旅行活动前，要针对活动内容对研学旅行者进行专门的安全教育，做好安全保障措施，把活动可能出现的安全风险告知学生和学生家长，并统一购买研学旅行保险。

6. 积极评价原则

鉴于研学旅行者特殊的身份与行为特点，在研学旅行过程中与结束后均需注重对研学效果的评价。一是看学生在研学过程中的表现，如参与态度、参与状况、团队配合等；二是看学生学习的成果，成果可通过实践操作、作品鉴定、竞赛评比、演出展示等方式呈现。

二、影响研学旅行者选择旅行线路的因素

1. 空间因素

研学旅行者由于年龄上的特殊性，在选择旅行线路时，往往会更注重居住地与旅行目的地之间的环境差异，如政治、社会、民族、文化等。差异性越大，研学旅行的阻碍越大。

另外，研学旅行者居住地与旅行目的地之间的空间距离越大，研学旅行时间就越长，风险就会加大，同时会导致研学旅行费用增加。因此，空间因素是影响研学旅行者选择旅行线路的重要因素。

2.时间因素

研学旅行需要旅行者观察、记录、学习、体验、总结，相比其他的旅游活动来说需要更多的时间。研学旅行者可充分利用学生身份的特点，在周末闲暇时间开展附近地域的研学旅行，在寒暑假期间开展较长距离的研学旅行，丰富研学活动，增加体验收获。

3.经济因素

目前大多数地方的研学旅行费用主要是由学生家长承担，政府、学校也会补助一些。考虑到费用问题，学校在组织研学旅行前，往往需要召开家长会，充分研究活动方案，公布活动详细计划及收费标准，由学生自愿报名参加，并且由学校和学生家长签订自愿报名参加协议，费用收取和支出公开、透明。研学旅行期间安排集体住宿、集体就餐、集体学习等活动，可减少研学旅行花费。

4.安全因素

2016年，教育部等11部门联合印发了《关于推进中小学生研学旅行的意见》，其中明确要求研学旅行要坚持安全第一，建立安全保障机制，明确安全保障责任，落实安全保障措施，确保学生安全。因此，旅行目的地的地方政策、治安情况、自然条件、政治形势、交通条件等均会影响到研学旅行者对旅行线路的选择。

5.教育成长因素

研学旅行注重旅行者的教育成长，在选择旅行线路与景点时要选择具有较大教育成长功能的地域。在研学旅行中，教师要对研学旅行者在研学过程的每一阶段进行评价，包括选题创意、提出问题、收集信息、分析问题、制定策略、协作整合、创作实践、反思总结和分享交流等，做到及时发现问题、及时反馈、及时纠正，真正帮助学生养成良好习惯，实现综合实践育人的教育功能。

第三章　研学旅行者消费行为分析与市场调研

【本章概要】

教育家陶行知曾言：“行是知之始，知是行之成。”通过研学旅行，不仅可以让学生将沿途风景尽收眼底，也可以通过观察和体验感受沿途地理、民风、民情，实现理论与实践相结合。

自20世纪90年代开始，随着经济的发展，中小学生和学生家长对国内研学旅行、出国游学的需求与日俱增。校内开放的教育理念及校外的研学旅行机构都推动着研学旅行市场的发展。随着国内政策的利好及消费者需求的攀升，我国研学旅行市场规模不断扩大。本章通过对研学旅行者的消费行为进行分析与对研学旅行市场进行调研，探究旅游新业态下的研学旅行。

第一节　研学旅行者消费行为分析

商机始于消费者，而消费者的消费行为则是市场战略的关键。作为教育行业备受关注的研学旅行，消费市场需求旺盛。供给方不能一味地消耗研学旅行的初期“活力”，而是要抓住研学旅行者的消费需求，通过分析研学旅行者的消费行为，进一步了解研学旅行者的消费过程。“知己知彼，百战不殆”，供给方只有清楚了解研学旅行者的消费心理，才能通过预测消费趋势打造教学新模式。

一、研学旅行动机

研学旅行是一种“文化+教育+旅行”的多元化旅行新模式，其服务群体是中小学生。市场上不同年龄段的消费者的兴趣和动机是不尽相同的，正是由于服务群体的特殊性决定了研学旅行动机的多样化，所以我们要对研学旅行者的需求和动机进行分析，以便为研学旅行市场后期的发展作准备。

（一）寓教于行

好的教学要为学生营造一个轻松愉悦的学习氛围，让学生在娱乐的过程中学习到课程中的知识，并对所学知识形成一种深刻记忆。在寓教于行的教学方式下，真正做到有效学习。

美国视听教育家戴尔在20世纪40年代提出的“经验之塔”理论将“学习旅行”“参观展览”等方式视为重要的教学媒体，该理论认为这些方式属于从直接具体经验到抽象经验的中间阶段——“观察的经验”。这些教学媒体没有难易之分，阶段没有先后之别，只是抽象程度不同，都是为了让孩子能够更好地理解抽象概念。这就意味着，研学旅行、参观展览等活动是重要的教学媒体，可以给学生提供丰富的信息资源和信息处理工具。

研学旅行作为一种活动性课程，相比一般教学课程，它的教学范围更加广泛，教学内容不局限于课本，在整个教学过程中增加了许多不确定性因素，所以在进行课程设计时要注意更多原则和因素，尤其要注意以下五个方面。

1.启发教育

研学旅行作为一种教学课程，其内容必须要对学生有一定的启发教育意义，让学生在研学旅行过程中不仅能欣赏到沿途的风景，开阔视野，还要使学生真正深刻地领会和理解所讨论的课题的意义。

2.亲身体验

研学旅行作为一种旅行式教学，最重要的就是让参与者亲身体验整个教学活动过程，研学旅行者是作为课程引导主体而存在，而不是教学的被动接收者。

3.贴近生活

研学旅行的整个课程设计要向生活靠拢，不贴近生活的活动和项目是不利于研学旅行者在旅行过程中对于主题和内容的理解与接纳的。

4.保障安全

由于研学旅行是一种室外教学方式，学生的活动范围扩大，所以安全问题就成为重中之重。在研学旅行途中及课程环节设计过程中都要充分考虑安全问题，做好相应的安全保障措施。

5.明确主题

研学旅行的课题目标明确，有利于研学旅行者在探索知识时能有明确的方向。同时，研学旅行的主题也要有严格的要求，要做到广度与深度的平衡，这种平衡既要体现在科目之间，也要体现在同一科目上。

（二）实践求知

研学旅行作为旅行式课堂，其不可或缺的便是教授知识和文化，让研学者能从中有所得。研学旅行要做的是让研学者走到广阔而又美好的世界中去学习，把社会生活、生产实践及文化场所、自然环境当成另一个课堂，且游且学。在这样自然的状态下，让研学者去寻找自我，探索未知，领悟新知识。在反思当代教育的问题上，日本著名教育学者大田尧呼吁要把自然还给孩子，让他们自由地游玩，自由地活动，并在游玩和活动中找到真正的学习。

（三）培养能力

在旅行式教学过程中，研学者不仅能从中学习知识，也能激发自身的分析、推理、鉴别等思维活动，还能获得丰富的信息资源、信息处理工具和适当的帮助，培养自身的创新思维、团结协作、探究能力等。

1.创新思维

创新思维是每个人都应该培养和具备的思维能力，它很大程度上影响着个人未来的发展高度。在研学旅行中通过探索知识的过程培养研学者的创新思维是非常重要的。

2.团结协作

研学旅行一般是团体形式，由十几至二十几个人组成，大家在一段时间内一起生活、一起学习、一起探索，彼此之间的相处与合作变成了关键内容。雷锋同志说过："一滴水只有放进大海里才永远不会干涸，一个人只有当他把自己和集体事业融合在一起的时候才能最有力量。"古往今来，很多事情都充分证明了团结协作的重要性。有时候辉煌往往需要不同人的智慧结合在一起才能创造。

3.探究能力

对于研学者来说，在旅途中发现问题及提出问题是探索知识的关键步骤。在研学过程的日常生活与教育实践中应有目的、有意识地培养和接受研学者创新的想法与做法，给他们提供自由探究的时间和空间，使其探究能力得以提高。其实无论是课堂学习还是研学旅行，对问题的探究能力，都能让研学者在整个学习道路上收获颇多。

研学旅行的动机是多样化的，时代不同，消费者需求不同，动机自然也不同。所以要时刻关注市场趋势，洞悉消费者的动机变化，让研学旅行产品能长存于市场，并不断发展壮大。

二、研学旅行消费构成及特点

（一）研学旅行的消费构成

随着我国经济实力的显著增强，现如今研学旅行消费市场的需求越发旺盛，市场规模也越发壮大。不同的市场产品需求决定了研学旅行的消费构成，而研学旅行的市场产品需求主要由以下三个方面构成。

1. 出国留学

目前出国留学的热度虽有下降，但对于部分家庭来说，仍具有一定的吸引力。对于留学生而言，在国外留学可以提高他们的外语语言能力，新的教学方式更能调动他们的学习积极性，同时一个人的国外生活也能锻炼他们独立生活的能力。

2. 冬夏令营

主要服务于中小学生的冬夏令营越来越受欢迎，其核心竞争力主要是体验开放式教学，让孩子们在快乐的氛围中体验学习。在整个冬夏令营过程中，孩子们在一起训练、玩耍、学习，这不仅能锻炼他们团结合作的能力，还可以让他们结交到新的朋友。

在各地，对中小学生吸引力最大的主要是名校旅行主题项目，越来越多的学生家长和老师倾向于利用寒暑假的时间让孩子参加冬夏令营活动，尤其热衷于让孩子到异地名校参观旅行。这样不仅能使孩子们增长见识，还能让他们发现不一样的大学校园风采，激发他们对大学的向往，有助于增强他们的学习动力。

3. 社会实践

随着现代教育的不断发展，开放式教育模式成为教育教学的重要组成部分，学生们开始走出教室，走进社会，参加各种社会实践活动。脱离校园生活的保护圈，通过自身参与体会生活，进而感悟生活，改变在封闭校园下的老式思维模式，从而找到学习的兴趣。

在整个社会实践过程中，学生们可以感受风土人情、积极参加志愿服务、增强问题意识、培养问题探究能力、努力做到知行合一。无论是在思想、能力还是在价值方面，社会实践对于学生们而言都百利而无一害。

（二）研学旅行的特点

研学旅行作为教学新模式，因其独特的教学形式和多样化的内容而深受消费者喜爱。如今研学旅行在教育市场已经打下一片“天地”，正是因为它区别于其他教学课程的鲜明特点“征服”了消费者。

1.开放性

研学旅行是典型的寓教于行的教育产品，它超越了课本、课堂教学的局限，将旅行镶于教育之表，将教育嵌于旅行之内。研学旅行从动机和特性上看充满教育性，从形式上看充满娱乐性。与学校封闭式教育相比，研学旅行的教学内容更丰富多彩、更有趣。

2.探究性

探究知识是研学旅行者的核心需求，研学旅行产业有着明显的文化属性，这就为旅行者们提供了许多探究问题的机会。在确定研学旅行主题后，首先要求学生开阔思维，根据研学主题积极捕捉来自身边的问题并进行界定、筛选和整合相关资料，之后加以合理地探究，找出问题的关键并加以解决。这一系列的流程下来，学生不仅可以通过对问题的分析、评估来找到解决办法，还可以“温故而知新”，从中挖掘出新的知识。

3.参与性

相对于课堂教学，研学旅行更注重在实践中培养学生解决问题的能力，这可以弥补他们经验不足、理论脱离实际的缺陷。

4.自主性

学生作为研学旅行的主体，在研学旅行活动中要具有自主性。在确定研学旅行主题后，学生需要自发地寻找自己感兴趣的问题，把想要解决的问题置于核心位置，在教师的指导下自主收集相关的资料，然后将收集到的资料进行分析和整合，进而得出结论。全程的关键就是学生必须做到亲力亲为。当学生开始研学旅行后，他们就会主动地去感知、去思考，这种旅行式的生活与体验能够让学生重新审视自我、塑造自我。

三、研学旅行者的购买决策过程及其影响因素

在研学旅行这个庞大的市场中，消费者购买研学旅行产品时会受到各种因素的影响。

（一）研学旅行者的购买决策过程

研学旅行者的购买决策过程一般包括以下五个阶段。

1.产品认知阶段

消费者在产生研学旅行的消费需求后，将自己的需求与产品特性相整合，找到适合自己的研学产品。对于中小学生而言，他们更适合参加启智娱乐教育的冬夏令营。

2.信息获取阶段

消费者在明确自己的具体需求后，就需要通过多方渠道来获取该特性产品的相关信息，以提高决策理性。消费者获取信息的主要渠道有四个方面：个人来源，如朋友、家人、同事等；公共来源，如大众传播媒体、消费者组织；商业来源，如广告、推销员等；消费者自身的产品消费经验。

3.评估阶段

在信息收集完成后，消费者对收集到的研学产品信息进行分析、评估和选择，以便作出下一步的决定。其中信息筛选是决策过程中的决定性环节，这是由于消费者得到的多种信息可能是重复的，甚至有些信息是互相矛盾的，只有通过信息筛选，才能保证信息的准确性。

4.购买决策阶段

消费者对整理好的研学产品信息进行比较和评选后，形成了几种方案的购买意愿，但真正从购买意愿变成购买决定还需要一定的时间。在对选定产品进行购买时，服务的质量、他人的态度以及可能发生的意外情况都

有可能影响消费者最后的购买决定。

5. 购后行为阶段

消费者在体验完研学产品后，将会评估购买获得的价值，并通过实际行动表达对产品的评价。消费者的用户体验取决于消费者对产品的预期与产品实际体验效果的对比。消费者的满意程度决定了消费者的购后行为，如消费者是否会重复购买此产品，同时还会影响到其周围其他的消费者，形成连锁效应。

（二）影响研学旅行者购买决策的因素

在整个购买过程中影响研学旅行者购买决策的因素有很多，这里主要介绍以下六点。

1. 价格

价格是影响消费者购买决策的重要因素，竞争性较强的研学产品一般会以价格作为卖点。研学产品在成本控制方面具有一定的优势的，可以采取低价销售策略。例如公益性研学，研学产品与公益场所相结合，降低成本，以此吸引更多的研学旅行者参与进来。

2. 课程质量

同一类别的研学产品往往相差无几，尤其是一些流行性主题的产品常常呈现同质化现象。“呈现产品个性卖点”需要直揭“产品本质”，从本质出发，找出产品真正的独特之处。同时，产品质量是课程的核心要素，只要质量过硬，价格合理，就不会没有市场。

3. 广告展示

广告是产品销售的一种重要手段，大部分的商家都会选择用打广告的方式传达产品独特、鲜明的个性特征，使得自家产品与目标客户建立起某种联系，从而顺利进入目标客户的视野，进而实现产品与客户深度接触的目标。所以广告对于研学产品而言无疑是宣传推广产品价值的有力武器。

4. 安全性

无论在什么行业，产品的安全性永远是大家非常关注的一个问题，而作为户外活动式的研学旅行更是如此。在户外，人身安全尤其重要，所以绝大多数的消费者在购买研学产品时都会格外重视安全保障问题。商家拥有安全保障系数高的研学产品，才能为自己赢取更多的商机。

5. 研学比例

研学旅行是一个创新型旅行式教育产品，借助旅行的形式，着重于对研学者的启发教育，所以许多研学者和家庭都很在意课程的研学比例。不同需求的人对于研学比例的要求是不同的，针对不同消费者定制个性化的研学比例才能吸引更多的客户群体。

6. 住宿餐饮

根据马斯洛需求层次理论，人只有在物质需求得到满足时，才会去追求精神满足。因此，住宿餐饮是研学者参与行动、探究问题、思考难题的前提与保障。

四、研学旅行者的消费趋势

随着教育与经济的发展，研学旅行市场的消费者会对研学产品的要求越来越高。商家只有不断地提高和优化产品，满足消费者的需求，为消费者提供良好的体验感，才能在市场上更好地发展。

（一）消费产品定制化

“我有什么，就卖什么，我卖什么，顾客就消费什么”的时代已经过去。新时代的消费是以市场和消费者的需求为导向的。

新时代的消费者追求创新、个性，尤其是在精神消费产品方面，大众化产品正在逐渐被市场所抛弃。随大流只会降低竞争优势，跟行业龙头打价格战不是长久之计，而差异化产品市场空间大，且利润率高。未来不仅仅是研学旅行市场，整个消费市场都会趋于定制化。消费者是市场的主体，只有满足消费者的个性化需求，才能提高客户的满意度和忠诚度，为企业带来竞争优势。

（二）消费产品多元化

当一个产品不能满足消费者的多重需求的时候，多元化产品便应运而生。近年来，研学旅行者的消费需求更加多样化，线路和内容上的多元化产品成为市场的主要需求。需求升级的背后，是消费者不断趋于成熟的消费观。在价格、品质等多种需求下，消费者更想要去寻找一个能满足多重需求的研学产品。随着多样化消费时代的到来，多元化的市场正在逐步形成并成为不可逆的趋势。

（三）消费产品品质化

为了更长远地发展，任何行业、任何产品发展到一定阶段，都要进行升级，从“标准”向“品质”转型。这就要求企业不断提高服务人员的专业知识，提升产品品质，只有这样，才能在消费升级的浪潮席卷市场时有立足之地。

第二节　研学旅行市场调研

市场调研就犹如旅行前做的攻略，一切都只是为了更好地体验。那么如何解决研学旅行市场遇到的问题？这是每一个研学旅行行业从业人员都应该重视、思考的“市场攻略”。

《礼记·中庸》载：“凡事预则立，不预则废。”研学旅行行业从业人员应通过市场调研，去聆听研学旅行者的声音，对消费者进行细分，针对不同消费者量身定制营销策略，以此延长研学旅行市场的生命周期。

一、研学旅行市场分析

在我国，研学旅行最主要的消费市场是面向学生，他们是研学旅行最大的消费群体，这一群体在研学旅行市场中占据着重要地位。学生市场以中小学生为主，他们研学旅行的目的主要是通过旅行活动开阔视野、收获知识、提高自身的综合素质和能力。

2016年教育部等11部门联合印发《关于推进中小学生研学旅行的意见》，其中指出，要将研学旅行纳入中小学教育教学计划。各中小学要结合当地实际，把研学旅行与综合实践活动课程统筹考虑，促进研学旅行和学校课程有机融合。学校要根据教育教学计划灵活安排研学旅行时间，并根据学段特点和地域特色，逐步建立小学阶段以乡土乡情为主、初中阶段以县情市情为主、高中阶段以省情国情为主的研学旅行活动课程体系。

二、研学旅行市场调研的组织实施与报告撰写

市场调研是人们对市场的过去和现在的认识，市场预测是人们对未来市场的认识，市场调研是市场预测的基础，市场预测是市场调研的目的。研学旅行市场要想蓬勃发展，就必须通过有组织的市场调研，收集多元化的信息需求，使企业准确地、及时地把握信息并制订相应的营销策略。

市场调研工作是市场经济中每个行业发展提升的前提和基础，成熟行业中几乎每个公司都有自己较为独特的市场调研法。从研学旅行行业的整体发展进程上看，市场调研工作一直处于滞后状态。但由于当今时代教育消费观念的转变，研学旅行市场进一步扩大，行业间的竞争也日趋激烈，成熟合理的市场调研必然成为立足于市场的制胜法宝。同时更为重要的是，为满足消费者高标准、多样化的市场需求，充分地了解他们的所需所求，了解他们内心真实的想法，推动研学旅行市场进一步地发展，市场调研举足轻重。那么该如何进行市场调研，达到完善和提升的目的呢？

（一）研学旅行市场调研的组织实施

1.调研项目的准备

在研学旅行市场调研开始之前，要先明确具体的时间安排，进行合理

的时间计划。然后确定此次调研主题，主题范围不宜过大或过小。过大的主题无疑会给调研过程增加不必要的难度，所得结论也不够细化。过小的主题研究价值不大。因此，要注意成本与效益的衡量。

2.资料的收集

资料的收集一般从二手资料开始，在对收集到的二手资料进行筛选之后，再进行原始资料的收集，这一阶段往往需要耗费大量的时间与人力。

3.资料的整理与分析

对收集到的资料进行整理和分析，得出结论。其间需要利用各种统计方法对资料进行分类与整合。

4.调研报告的准备与提交

将市场调研所得出的结论连同调研期间获得的资料进行整理之后，以合适的方式提交给相关市场部门。

5.调研结果的实施与跟踪

调研报告的提交并不代表着整个市场调研的结束。为了更好地发挥调研的价值，调研人员需要参与实施基于调研结果做出的决策安排，并对后续工作进行持续追踪。

（二）研学旅行市场调研的报告撰写

研学旅行市场调研的报告撰写主要包括以下六个方面。

1.研究背景及市场问题的分析

主要介绍研学旅行市场的现状，并提出存在的问题。

2.调研问题的界定

对市场上出现的矛盾与问题进行细化与分析，最终确定本次市场调研的方向。

3.调研目的

说明此次市场调研的目的，即主要是为了解决研学旅行市场上出现的问题。

4. 调研内容与方法

简单描述研学旅行市场调研过程的主要内容，以及采用的调研方法。

5. 调研时间与费用估算

写明调研过程中每一阶段的时间安排、总体费用的估算及其具体使用情况。

6. 小组成员及分工

简要介绍小组成员以及每个人在调研过程中的分工安排。

第四章　研学旅行线路设计的思路与步骤

【本章概要】

研学旅行线路设计要遵循理论指导，设计出深受中小学生及学生家长欢迎的研学旅行线路产品。本章结合系统论、生活教育理论、自然主义教育理论、建构主义学习理论、人本主义学习理论、旅游规划理论等指导思想，总结归纳出研学旅行线路设计的步骤与注意事项。

第一节　研学旅行线路设计指导思想

一、系统论

著名旅游学家Jafari曾指出，为理解旅游业，有必要将其作为一个整体或作为一个系统来研究。系统是指在一定环境中由若干相互联系、相互作用的部分组成的具有特定功能的有机整体。系统具有集合性、层次性、相关性的特征。就其本质来说，系统是“过程的复合体”。系统性原理主要有以下五个方面：

（一）整体性原理

整体性原理是指系统要素之间的相互关系及要素与系统之间的关系以整体为主进行协调，局部服从整体，使整体效果最优。整体性原理是系统论的核心思想，其研究的对象主要是系统、要素、环境三者的相互关系和变动的规律性，并以优化系统的整体功能为最终目的。旅游线路涉及旅游的食住行游购娱六要素的各方面，同时还包括信息咨询服务、导游服务、旅游项目策划等，本身是一个庞大的系统。这个系统必然受到旅游市场的发展变化以及其他相关行业的影响。

（二）动态性原理

系统作为一个运动的有机体，其稳定状态是相对的，运动状态是绝对的。对于旅游线路这个系统而言，我们不但要分析旅游线路目前的发展状态和结构体系，同时也要关注和分析旅游线路涉及的各个要素的发展变化引起的旅游线路的调整，还要适应旅游市场环境的变化。只有这样，旅游线路才不至于阻碍到旅游业的进步，才能持续不断地为国民经济的发展注入动力。

（三）开放性原理

任何有机系统都是耗散结构系统，系统与外界不断交流，物质、能量和信息才能维持其生命。开放性原理要求我们充分估计外部对系统的影响，努力从开放中扩大系统从外部吸入的物质、能量和信息。科学技术的进步，交通运输的改善，人们旅游方式的革新都会给旅游线路设计系统提供条件。

（四）环境适应性原理

系统不是孤立存在的，它要与周围事物发生各种联系。这些与系统发生联系的周围事物的全体就是系统的环境。环境本身也是一个更高级的系统。系统必然与环境进行物质、能量和信息的交流，以保持最佳适应状态。否则，一个不能适应环境的系统将是无生命力的。环境可以施加作用和影响于系统，系统同时也可施加作用和影响于环境。根据马斯洛需求层次理论，旅游是人们较高层次的需求，不是必需品，人们只有在基本生活需求得到满足的前提下才会选择旅游。旅游消费受到国民经济、市场环境、法律制度等各方面的影响。作为旅游者的实际消费形式的旅游线路，必然要在环境的发展变化中不断调整、优化，同时调整优化后的旅游线路又必然对环境的发展变化产生影响，这是一个相互影响、循环往复的过程。

（五）综合性原理

综合性原理一方面是指系统目标的多样性与综合性，另一方面是指系统实施方案选择的多样性与综合性。旅游线路设计关系到旅行社企业的利润增长，而企业注重利润最大化也关系到旅游者的旅游体验，企业一般追求以最小的支出给游客提供最优的旅游体验。旅游业相关政府部门从职能角度又会关注旅游业是否在健康、持续、快速发展。旅游线路的优化是各要素不断调整的结果，从而使旅行企业持续盈利、旅游者满意度提高、旅游业健康发展。

二、生活教育理论

生活教育理论的主要代表人物是杜威和陶行知。杜威认为：教育即生活。生活是指人在物质方面与非物质方面的体验的总和，人类社会生活必然是人类获取经验、交流和传递经验的过程，所以教育与社会生活联系密切，教育必须与生活融合为一体。陶行知的生活教育是杜威的生活教育的延伸，他的生活教育理论包括：生活即教育、社会即学校、教学做合一。生活本身含有教育意义，且实际生活是教育的中心，决定教育的目的、原则和内容，整个的社会是生活的场所，也是教育的场所，只有身临其境，动手尝试，才会有所创新，获得真知。

生活教育主张教育同实际生活相联系，反对死读书，注重培养儿童的创造性和独立工作能力，为研学旅行的兴起与发展提供了理论支撑。研学旅行让学生在旅游过程中学习相关的知识与技能，让学生身临大自然的真实环境中，观察自然地理现象，体会社会人文风情，体验地理与生活的联系。在研学旅行线路设计过程中，应设计让学生动手动脑、亲身实践的研学活动，在感知、体验知识的基础上，内化形成科学探究能力。对旅行过程中自然事物的学习，不仅可以让学生学习到知识，还可以让学生形成探究自然的态度和方法。

三、自然主义教育理论

自然主义教育理论的主要代表人物是卢梭。卢梭认为每个人心中都存在着认识世界的巨大能量，所有的知识都是通过人的感官进入人的头脑形成感性认识，再经加工处理形成理性知识。所以自然主义教育最主要的就是“归于自然”，在教学过程中把学生放在首位，尊重学生的自然天性。自然主义教育认为教学速度不能急于求成，在教学形式上，应注重直观教学，给学生创造学习情境，让学生通过实际观察学习知识；在教学内容上，应根据学生的理解能力和接受水平来选择恰当的教学内容。

从自然主义教育理论出发，研学旅行线路设计应充分结合学生学情，设计合理的研学线路，将自然界或承载地理知识的地理事物有条理次序地展现给学生，让学生在自然界根据自己的认知进行观察，并依据自己已有的经验进行探究，在教师或专家的引导下对感性知识进行加工形成理性知识。

四、建构主义学习理论

建构主义学习理论的基本观点主要包括知识观、学习观和学生观。建构主义的知识观认为：知识只是人类对传载知识的符号系统或客观世界的一种解释、假设或者假说，不是对现实的反映，也不是问题的最终答案。随着人们的认识程度不断深入，知识将不断变革、升华和改写，从而出现新的解释和假设。在使用或学习知识时，必须根据学生已有的经验背景，结合特定情境对知识进行再创造。建构主义的学习观认为：学习不单是被动地接收信息，也不是简单地积累信息，而是学生主动地以自己已有的经验系统为基础对外部信息进行选择、加工和处理，从而获得属于自己的理解。建构主义的学生观认为：学生并不是一张白纸，什么都不知道。在日常生活和以往的各种形式的学习中，他们已经积累了丰富的经验，对任何事情都有一些他们自己的看法。即使有一些没有接触过的问题呈现在他们面前，在没有现成经验的情况下，他们还是能以现有的相关经验为基础，依靠他们的认知能力（理智），形成对问题的某种解释。所以教学不能无视学生已有的知识经验，简单地从外部向学生灌输知识，而应引导学生从已有的知识经验中建构新的知识经验。

从建构主义学习理论出发设计研学线路，应多设置任务明确的学生研学内容，充分体现学生主体地位，让学生积极主动地探索发现问题，引导学生自主解决问题，从而培养学生的自主学习能力。在设计过程中应结合学生已有的知识经验，设立合理的研学目标，选择合适的研学资源，通过研学旅行让学生走进自然、探索自然，在原有知识经验基础上建构新的知识经验，同时也为以后的学习奠定良好的基础。线路设计过程中应针对学生的认知水平设计有一定难度的研学活动，让学生进行讨论和交流，从而养成良好的合作探究学习习惯。经过合作学习，学生的思想和认知可以得到相互补充，也能更好地完成对所学知识的意义建构。

五、人本主义学习理论

人本主义学习理论起源于20世纪五六十年代，其主要代表人物是马斯洛和罗杰斯。马斯洛的主要是他的需求层次理论，前面提到过，这里不再赘述。罗杰斯认为：认知学习的很大一部分内容是不涉及个人感情或者个人意义而只涉及心智的学习，是一种无意义的学习；经验学习是以学生的经验增长为中心，以学生的自发性和主动性为学习动力，把学习与学生的愿望、兴趣和需要有机地结合起来，因而经验学习是有意义的学习，能够有效地促进个体的发展。人本主义学习理论强调教学的目标在于促进学习，因此学习并非教师简单机械地严格按照教材强迫学生进行琐碎呆板、枯燥乏味的学习，而是引导学生在好奇心的驱使下去吸收自己觉得有趣或有需要的知识。

从人本主义学习理论出发设计研学旅行线路时，应将枯燥呆板的知识有条理地融入丰富多彩的研学探究过程中去，设计学生感兴趣的研学活动，使研学旅行线路更加合理，更具教育意义，从而激发学生的学习热情，变被动学习为主动学习、有意义的学习，以达到更好的教学效果。

六、旅游规划理论

旅游规划是指在一个地域内对其旅游系统的发展目标和实现方式进行整体部署的过程。旅游规划通过政府相关部门审批后，就会成为该区域旅游开发建设的法律依据。在一个区域内以宏观的视角对其旅游资源进行挖掘、整合、串联，将其打造为旅游产品是旅游规划重要的内容之一，这其中就包括景点规划和景区规划中的旅游线路设计。

旅游线路规划设计与研学旅行线路设计具有很多相似之处。其行为方式都是以旅游或旅行来呈现，都是要对一个区域内的有限资源进行整合串联设计，都具有规划设计的系统性、空间性和科学性。但旅游线路规划设计是以追求市场效益、带动区域经济为目标，而研学旅行线路设计则是以拓展学生的知识文化、提升学生的综合素养为目标。前者是一种市场经济行为，而后者是一种社会公益行为。旅游线路规划设计是为一个区域的经济发展服务，而研学旅行线路设计则是为学生发展服务。二者虽在本质上有很大的区别，但旅游线路规划设计却可以多方面为研学旅行线路设计提供借鉴参考。

第二节　研学旅行线路设计步骤与注意事项

一、研学旅行线路设计步骤

（一）结合教学需求，确立研学主题

确立研学旅行主题是研学旅行线路设计的开始，研学主题可以反映出研学活动涉及的主要知识模块和要培养的素养能力。研学主题的好坏很大程度上决定着研学旅行的质量和体验感。确立研学旅行主题可结合教学实际需求，具体从以下两个方面进行思考：

第一，研学旅行是当今教学的一种新形式，研学内容需与课堂内容相互补充，它是常规课堂教学的延伸与深化。研学旅行要能对学生的成绩有所帮助，因此研学旅行主题的确立要结合课本内容和课标要求。

第二，研学旅行主题确立时需考虑客观实际情况，如研学周期、学生的家庭经济情况等。研学周期不宜太长，在正常教学时间里不宜超过2天，最好利用周末。在寒暑假期间，时间不宜超过一周。需充分考虑学生的家庭经济情况，不能给学生及学生家长带来经济上的压力。此外，选择的主题需确保研学旅行的可实施性。

（二）根据学生特点，制定研学目标

研学旅行属于课堂教学的延伸，也属于教育教学范畴，因此应该遵循教育教学相关规律，每一条研学线路应为不同学段不同层次学生制定明确具体、有分层、可评价的研学目标。学生有了明确具体的研学目标，有利于清晰了解在研学各环节自己的任务和需达到的程度，进一步提升研学的

课程效率和学习获取知识的主动性，也为后期教师评价每一位学生提供了依据和参考。

研学旅行主要是为了解决传统课堂教学因教学形式、场地、素材等局限因素影响导致的重知识、轻能力的问题，全面落实核心素养，促进学生全面发展。因此，同样主题、同一线路的研学需根据不同学段学生特点制定出与学生知识基础和实践能力相符合的研学目标。例如，初一学生首次接触地理这门学科，知识储备少，缺乏地理思维，缺少运用地理知识分析实际问题的意识，因此针对初一学生制定研学目标时，应侧重体验、观察现象，评价方式可采取提出问题、梳理汇报、分析简单原因为主，注重培养学生的地理学习兴趣；初二学生已具备一定的地理知识和学习地理的方法、思维，可以制定一些探究任务，分析现象背后的原因，运用所学解释现象，关注内在规律，注重学习方法，增强实践能力；初三学生已掌握了所有初中阶段地理相关内容，并对区域地理的学习方法有了一定认知，所以可以重点要求学生关注地理间各元素的相互作用与影响，分析简单的地理成因及形成过程，提升学生运用地理知识的能力，培养其区域认知、综合思维能力。

（三）筛选相关信息，选择研学地点

确立研学主题与目标后，接下来就是筛查“备课”相关资料。研学作为一种教学活动离不开教学资源，学科综合性的特点决定了相关教学资源的来源比较开放，可来源于生活的方方面面。科学合理地筛选出具有主题目标性、资源整合性特点的研学资源，才能保证研学旅行课程精准、精彩、高效实施。

首先，研学资源的筛选需具有主题目标性特点。研学目标是需要通过研学实现的教学目的，是研学旅行作为教学活动实施的预期效果。研学资源是为落实研学主题与目标而服务，它是载体。所以筛选中可根据课程标准、课本内容、学生现有基础综合挖掘教学资源，分析资源对于实现主题目标的适用性、可行性，选择出能为主题目标服务的教学资源。

其次，研学资源的筛选应具有资源整合性特点。研学资源整合包括：

1.研学资源与学校的学科资源整合；

2.研学资源与学生生活中积累的知识整合；

3.研学资源与地方性乡土优势资源整合；

4.不同学科之间的资源整合；

5.研学资源和现代信息技术、工具整合。

最终，筛查对比研学相关信息资料，再综合考量研学旅行线路设计六大原则，确定出一个或多个目的地，尽可能地覆盖需要研学的事物。

（四）挖掘主题资源，科学串点成线

研学旅行多在校外开展，有时甚至在野外，研学地点分散，地域范围开阔，环境复杂且陌生，安全隐患较大。因此，研学线路设计中的一大任务是要综合考量安全问题、经济成本、持续时间、交通食宿等影响要素，把资源科学合理地按一定顺序恰到好处地形成一条线，并以此撰写具体的研学旅行方案，制定研学手册，以确保研学旅行有序、高效、有质量地开展。

第一，对于多个研学目的地或者同一研学地点不同的资源点，研学顺序要科学合理。研学任务之间存在着前因后果、先易后难等内在的逻辑关系，在组织研学先后顺序时，为保证研学的教育效果，要充分考虑到各研学资源点背后所承载的知识之间的逻辑关系。

第二，线路设计中要最大限度压缩经费。研学旅行这种教学形式还未大规模普及，学生家长甚至区分不清“研学旅行”与“出游”两者之间的差异，研学旅行的教育价值也还未得到社会普遍认可。所以只有尽可能地压缩研学费用，不给学生家长造成过大的经济压力，才利于吸引更多学生参加，便于全社会认识到研学旅行独特的教育价值。

第三，研学持续的时间要合理。线路跨度越大，时间成本、交通食宿成本就越高，占用的课堂教学时间就越多，各方面阻力就越大。

（五）组织实地踩点，完善线路设计

前期研学旅行线路设计的资料主要来源于文献查阅与网络搜索，偏重于理论，且部分资料可能因年代久远而缺乏精确性。为了强化研学旅行资源的针对性和精细程度，同时尽可能地减少安全隐患，在正式带领学生研学之前应对研学目的地进行实地踩点考察，将实际考察的情况与前期准备的资料进行对比，将预设线路与实地考察结合，优化精选研学资源点、线路。经过踩点考察完善后的设计线路可通过多种途径对外界公布：第一是引起外界关注，吸引更多外界资源参与研学相关研究；第二是加大宣传研学旅行的独特教育价值，让更多学生及学生家长增加对其的认可度；第三是集思广益，欢迎相关专家及同仁提出宝贵意见，进一步完善线路设计。

二、研学旅行线路设计注意事项

要注重多重信息与实地考察相结合，一方面可借鉴网络信息以及资深“驴友”的攻略建议，另一方面要与当地旅行社、导游对接进行实地考察，结合课程需要进行有针对性的选点连线，确保与研学内容相匹配。要强调教师先行与机构参与相结合，教师和导游、学校和旅行社可以强强联合，实现优势互补。

在学校的组织下，首先，教师先行设计特定主题的研学线路。其次，由旅行社依据实际情况进行微调并确定初步方案。最后，由教师在导游的陪同下进行实地考察、亲身体验，从而发现问题并调整设计，确定最终方案。要将实践体验与教材知识相结合。研学旅行既是一次实践体验之旅，也是一次教材知识的校外探究之旅，只有在研学旅行线路设计的过程中做到将教材知识融入实践体验，根据学生特点与知识结构进行整体设计，才能实现“研”与“学”的更好衔接。还要将线路质量与对外宣传相结合。研学旅行线路既要有内涵和效果，同时也要注重对外宣传、扩大影响，从而增加师生参与研学旅行的热情，最终在保障教学效益的基础上，实现可

观的经济效益。

研学旅行涉及交通、食宿、游玩、探究学习等方面，选择合适的交通工具、安排好住宿及饮食、设计多样化的体验活动、选择经验丰富的研学导师等也是线路设计需要考虑的问题。

第五章　研学旅行线路产品市场销售策略

【本章概要】

近年来，研学旅行相关政策落地催生研学旅行市场份额增加，越来越多的机构涌入研学服务市场，研学旅行市场角逐愈发激烈。同时，研学旅行消费者对研学旅行产品的要求越来越高，为了更好地满足当前研学旅行消费者的个性化需要，研学旅行经营与服务主体必须要根据市场环境变化和“互联网+”的潮流灵活制定销售策略。研学旅行产品生产者需要精准定位自己的目标市场，生产符合市场需求的研学旅行线路产品，营建合理的销售渠道，通过有效的促销活动来吸引消费者。为此，本章从研学旅行线路产品的渠道策略和促销策略出发，根据研学旅行销售环境新变化，具体探讨研学旅行线路产品销售策略的制定。

第一节　研学旅行线路产品的渠道策略

兼具教育与旅游双重功能的研学旅行正逐渐成为旅游业的新业态，而科技的快速发展推动了其传播渠道的多元化，每种传播渠道都各有优势与侧重，各有不同的市场受众群体。随着网络与信息技术的不断发展，广大消费者获取信息的方式也更加多元与开放，面对崭新的时代语境及销售环境，研学旅行必须充分融合传统销售渠道与新型销售渠道进行整体性的线上线下联动推广。不同渠道策略具有不同的市场影响力及受众客源，经营者应利用多元化销售渠道提高研学旅行线路产品的曝光度，扩大其影响力，让更多消费者了解研学旅行产品，营造良好的研学旅行市场氛围，扩大其研学旅行线路产品的市场份额。

一、广告媒体的销售推广

为了扩大研学旅行线路产品的宣传范围并加大宣传力度，应充分发挥广告媒体的作用。其主要方式有：

（一）印制和散发宣传手册

将研学旅行线路产品的宣传材料根据现在的消费市场及宣传政策，整理编辑成宣传小册子。小册子中应详细介绍其推出的研学旅行线路产品的概况、主要的研学旅行资源、线路行程、服务机构、接待设施、交通状况、每天的活动日程及其价格等。这些宣传手册在人流密集的火车站、码头、餐厅、酒店、面包房、加油站、诊所等处都可免费领取。

（二）报纸杂志

报纸杂志的版面大、篇幅广且图文并茂，能够充分地进行选择和利用。将研学旅行线路产品发布在针对中小学生和学生家长的报纸杂志上，宣传更具针对性。报纸杂志均可保存，有效时间长，对中小学生和学生家长来说没有阅读时间限制。

（三）电视广播

电视广播的覆盖面广，受众多，传播迅速，渗透能力更强。电视广播具有视听结合的特点，更加生动形象。对于中小学生来说，电视广播的吸引力更大，感染力更强，将研学旅行的广告投放在电视广播的效果更显著。

（四）户外广告

户外广告一般篇幅较大，远视效果好，传播面较传统的报纸杂志更广。就中小学生及学生家长而言，对户外广告的记忆相对来说更深刻，广告的效果更持久，但实际效果难以预测，往往受户外投放位置等情况影响。

（五）包装广告

将研学旅行线路产品广告投放在中小学生相关产品包装上，可以深入中小学生家庭，引起连锁反应。好的包装广告色彩鲜艳，形象生动，提升商品档次，可以引起顾客购买研学旅行线路产品的欲望。

（六）礼品广告

将研学旅行线路产品以礼品形式进行赠送，对中小学生及学生家长来说实用性强，保存较久。礼品类型可以自行决定，内容自由，形式不拘。礼品广告可以实现精准投放，自主选择广告时间、区域。

（七）展览广告

将研学旅行线路产品做成展览进行宣传，可以展现研学旅行经营与服务主体的竞争优势，为其累积大量潜在客户。在展览的同时，研学旅行经营与服务主体也可以对中小学生及学生家长进行采访，展开产品和服务市场调查。

二、“互联网+”背景下催生新渠道

伴随着互联网科技的快速发展，我国的自媒体在各大领域得到充分应用。旅游行业借助自媒体为旅游产品销售提供全新方式与渠道，扩大客户群体，对旅游企业销售额的提升起到关键作用。自媒体渠道衍生出众多表现形式：微信公众号、抖音等多样化的宣传销售渠道。

（一）自媒体的概念及特征

自媒体是指通过互联网技术进行信息传播的媒体。在具体应用过程中，自媒体平台由社会大众主导，将传统“点到面”的传播方式，转变为“点到点”的传播方式，实现受众合一。自媒体受到社会大众的喜爱，主要是因为其具有大众化、传播速度快与互动性强等特点。就大众化而言，自媒体平台进入门槛极低，只需要简单注册之后便能够应用。就传播速度快而言，自媒体平台上所呈现的信息内容相对精短，且传播方式较为多样，能够在短时间内吸引到大众眼球，提高信息传播效率。就互动性强而言，自媒体时代，信息能够快速传播到受众之中，大多数受众可以对信息传播效果与内容进行及时反馈，增加宣传方与大众之间的互动性。

（二）借助自媒体平台进行宣传销售的优势

当前，大众熟知的自媒体主要包括微信公众号、微博、抖音、快手等平台。自媒体基于互联网新兴技术，具有传播速度快、覆盖范围广、游客互动良好等优势。这种新型传播方式对于传统传播销售渠道产生较大冲击，同时对研学旅行线路产品销售产生巨大影响。自媒体平台进行宣传销售具有以下优势：

1.增加游客互动功能

传统传播方式互动性普遍较差，尤其在短时间内很难快速扩散。在传统销售方式下，游客只能了解到产品的一些特征，接收到相关信息，存在的一些疑虑无法得到及时回复。而在自媒体时代下，消费者可以直接对接研学旅行销售方,或者在自媒体平台上留言，及时提出自身想法，促使消费者与营销方之间进行有效沟通。例如，借助微博平台，游客基于平台上有关研学旅行线路产品的宣传文案，可以在留言区发表基于自身需求的关于研学旅行线路产品的看法。营销方在看到留言之后，可以及时进行答疑解惑，提升双方互动效果。由此看出，自媒体平台传播方式，能够极大提高游客与营销方之间的沟通与交流效率，及时解答游客疑虑，进而提升游客信任度，更好地进行研学旅行线路产品的销售。

2. 降低营销成本

在自媒体时代下，营销方式的选择与应用比较自由，研学旅行线路产品的传播形式也具有多样性。例如，商家可以通过微信公众号推送有关研学旅行线路产品信息介绍的文章，并将相关内容以文字、音频与视频等形式传送。这种宣传方式只是简单借助平台完成宣传工作，宣传成本整体较低，并且宣传内容与形式都可以由营销方根据其销售的研学旅行线路产品自行决定。自媒体时代的传播方式具有较高便捷性，而借助传统媒介进行广告传播时则需要投入较大的人力、物力、财力成本，且营销效果往往不尽如人意。相较而言，自媒体营销方式相对灵活，成本较低，有利于游客在短时间内了解到研学旅行线路产品具体信息，为企业节省较大营销成本。

3. 有利于个性化内容推荐

在遵守自媒体传播平台运营规则基础上，营销方可自行进行个性化内容设置，极大提升游客感官体验。例如，微信公众号可以支持视频、图片与文字等多种组合形式的传播。在自媒体平台上，营销方可以通过多角度进行广告传播，对游客进行研学旅行广告信息推介，在提升游客感官体验的同时，有利于传达研学旅行多样化特征，整体具有传播效率高的特征。

（三）自媒体渠道下如何进行研学旅行线路产品销售

1. 供给层面的信息化

传统的研学旅行线路产品主题单一、线路单调，内容设计和活动形式不够丰富，参与者的互动体验较少。互联网产业的飞速发展为研学旅行在供给层面开发本行业应用技术提供可能。研学实践教育基地可以运用互联网及相关技术，建立更加能迎合研学旅行需求的应用场景，比如通过全息虚拟技术和AR/VR互动游戏形式，以全新的表现方式和活动形式吸引消费者的关注，提高用户黏性。研学实践营地可通过信息化手段，建立网络营销渠道和实现网上拓展客源，优化研学线路产品的宣传销售，充分激发消费者的购买动机。

2.需求层面的精准化

研学旅行是学生素质教育的重要手段，是知识教育与能力培养相结合的有效形式。然而，不少学校在形式化和表面化执行研学旅行政策，把研学旅行看作常规工作的一部分，没有真正与教育教学融为一体。此外，部分研学旅行线路产品缺乏个性化，在线路产品设计时没有进行市场细分，没有把研学资源针对不同对象进行个性化组合。在互联网时代，研学旅行服务机构可以运用互联网及相关技术，充分进行市场调研，对研学旅行需求层面的行为特征进行挖掘，研究学生的心智变化和学校的教育教学难点，深入分析客户的真实需求，对研学旅行线路产品策划、营销时机和渠道进行精准定位，优化研学旅行线路产品的营销过程，有效开展差异化销售策略的制定。

第二节　研学旅行线路产品的促销策略

中小学生研学旅行线路产品的促销主要是研学旅行机构采取广告促销、人员促销、客户关系促销等方式，向中小学校、学生与学生家长传递产品及服务信息，使其了解产品、服务甚至机构本身，从而引起他们的兴趣，对产品、服务及机构认可并产生信任，激发购买欲望和产生购买行为的一系列活动。

（一）强化广告促销能力

广告促销一定要具有目的性，对于不同学情阶段的中小学生可设计出差异化广告形式。选择广告媒体时应考虑的因素：一是中小学生的学情特点及需求，二是研学旅行线路产品的特点及效果，三是研学旅行线路产品的费用及成本等。

对中小学生来说，最有效的宣传方式是进校园宣传，所以要加强与学校的通力协作，在与学校沟通并明确学生喜好的基础上，设置更多的研学旅行线路产品及项目，吸引更多的学生参加。面向学生家长最有效的宣传方式也是通过学校，学校可以在举办公共活动时邀请学生家长参加，并借此机会与学生家长进行沟通联系。积极参与大型文化展览活动，通过公共活动来宣传研学旅行项目，加强与文化展览活动参与人员的积极互动，也可以在文化展览活动增加体验类项目，让学生可以直接体验相关研学旅行线路产品。但是，应该注意，参加文化展览活动的根本目的是进行研学旅行的经营理念与研学旅行线路产品的宣传，这就要求研学旅行机构和活动组织者合理地把握文化展览活动的内容和形式。

在与学校合作举办会议和展览的过程中，可以尝试让学校举办特别展览，例如摄影展览、纪实展览、研学旅行笔记展览等，并整合图片、视频和旅行记录。这样让学生认识到研学旅行的影响，起到对研学旅行线路产品进行宣传和推广的作用，以潜移默化的方式吸引更多的学生参加研学旅行。

（二）开展客户关系促销

中小学校、学生和学生家长对研学旅行线路产品的品牌和口碑较为看重，如果能够通过已参加研学旅行活动的学生介绍新客户，介绍的新客户从思想上对研学旅行线路产品产生信任，更加有希望成为参加研学旅行的客户成员。这样可以大大减少销售成本和营销时间，提高研学旅行企业的促销成功率和效率。研学旅行供应商在借助客户关系开展研学旅行促销过程中，必须做好以下两点：

一是提高销售人员的业务能力，积极发掘忠诚度高的客户。销售人员与学生及学生家长的近距离接触是最为有效的信息传递和宣传方式，在接触中能够更加知晓其需求，从而推荐相对应的研学旅行线路产品。特别是当学生和学生家长遇到问题时，给予其贴心和周到的服务，这样不仅可以在学生和学生家长心目中树立良好的信誉形象，而且还可以提高其忠诚度。

二是完善客户数据库。客户数据库是记录客户基本特征、客户所参加的研学旅行项目以及客户需求的大数据系统。根据客户的基本特征和需求可更加有针对性地开发研学旅行线路产品，创造巨大商机。所以，完善客户数据库去开展客户关系促销可以促进线路产品的进一步销售，为创造更多利润打下基础。

（三）优化人员促销

研学旅行线路产品的人员促销，多由研学旅行机构工作人员向意向客户介绍相关研学旅行线路项目，进而达到销售目的。推销人员应积极挖掘购买动机强烈或忠诚度高的客户，并在与客户的交流中分辨中小学生和学生家长的需求，从而快速推荐适当的研学旅行线路产品。只有不断优化传统低效率的人员促销活动，才能更好地促销研学旅行线路产品。

（四）注重公共关系促销

目前研学旅行机构大多是利用网络来传播自己的研学旅行线路产品，并没有实现依托网络树立公众形象；大多以人员推广宣传彩页的方式来推广研学旅行线路产品，很少采用例如帮助贫困学生参加研学旅行活动之类的公益性活动或积极参加学校组织的慈善性活动树立品牌形象。互联网的发展使得研学旅行机构可以利用公共关系宣传研学旅行产品及项目，为研学旅行线路产品的销售提供有利环境和便利条件，并促进其树立在中小学校、学生和学生家长心目中的公众形象，以提高其社会认可度，为市场销售打下基础。

（五）拓展网络促销的层次

网络促销有别于传统的大众媒介如广播、报纸、电视等，易于被学生和学生家长接受，能与之产生互动，达到广泛宣传的效果。首先，网络促销要选取合适的网络媒体，如网站、论坛、博客、微博、微信公众号等，根据中小学生的学情特征，发布网络广告。在网站的选择上，要充分考虑其在各种搜索引擎的排名，以便于学生和学生家长快速了解到所需要的研学旅行线路产品信息。其次，网络促销要创新网络广告形式及内容，在结合传统网络广告形式如横幅式、按钮式、邮件式、游戏式等时，要以生动的界面提高学生和学生家长的接受度，广告内容上要结合产品的促销活动。最后，网络促销要增强与学生和学生家长的互动，研学旅行机构通过互联网与学生和学生家长进行交流，及时了解学生和学生家长的需求，同时学生和学生家长的消费感受也会通过互联网传播开来，从而赢得潜在的消费者。

第六章　国内外经典研学旅行线路

【本章概要】

国外研学旅行起源于16世纪的英国，发展到今天已经形成了完整的教学体系。随着我国教育制度的改革和学生家长教育观念的转变，研学旅行被更多人所接受，且结合我国本土文化，形成了独具中国特色的研学旅行。在科技推动和教育政策扶持下，我国研学旅行发展得如火如荼。本章主要选取国内外几条经典研学旅行线路进行介绍。

第一节　浙江嘉兴——南湖画舫红色游

一、线路概述

（一）发展背景

习近平总书记指出："每一个红色旅游景点都是一个常学常新的生动课堂，蕴含着丰富的政治智慧和道德滋养。"嘉兴以中共一大会址南湖为代表，拥有丰富的红色旅游资源，正在打造全国红色旅游标杆城市，建设国际化品质江南水乡名城，努力将嘉兴建设成以弘扬“红船精神”为核心的全国红色旅游胜地和传播新时代中国红色文化的国际窗口。

（二）线路内容

第一天：传承红色基因　做红船旁的好少年

线路：嘉兴老火车站—嘉兴科技城展示馆（如图6-1所示）—月河历史街区—南湖革命纪念馆（如图6-1所示）。

图6-1　南湖革命纪念馆

第二天：缅怀革命先烈　争当新时代好少年

线路：海盐县革命烈士墓—新四军北撤澉浦之战纪念碑（如图6-2所示）—新四军海北支队驻地旧址。

图6-2　新四军北撤澉浦之战纪念碑

第三天：寻迹运河名人 品读桐城风雅

线路：乌镇茅盾故居（如图6-3所示）—木心故居纪念馆—丰子恺纪念馆—君匋艺术院。

图6-4 乌镇茅盾故居

（三）研学课程

1.参加专题讲座并观看纪录片

由中共嘉兴市委党校教师、嘉兴科技城展示馆馆长等专业人员开展《红船精神及其时代价值》《二十世纪中国文化名人——茅盾》《向人民英雄致敬》等专题讲座，观看纪录片《茅盾》《红船》与话剧《初心》。

2.参观嘉兴市档案馆

馆内有《浙西抗战纪略》《嘉兴抗战纪事》等珍贵馆藏史料。

3.亲临茅盾故居，感受立志书院

了解茅盾先生生前事迹，感受他为鞭挞旧中国黑暗势力作出的不懈努力和突出贡献。诵读茅盾先生作品，学习他歌颂人民、歌颂革命、为中国民主革命奋斗的精神。

4.泛舟南湖，执笔画情，缅怀先烈

瞻仰红船，乘游船观光嘉兴南湖，重温嘉兴会议情；走进烈士陵园，倾听抗战故事，为先烈献花；走进君匋艺术院，感受大家之作，用笔墨记录所见所感。

二、线路评析

（一）嘉兴研学旅行线路特色

1.红色教育资源丰富

嘉兴“两个文化”源远流长，既有革命文化的薪火相传，又有历史文化的厚重积淀。嘉兴在革命、建设、改革中形成了富有辨识度的实践经验，具有可借鉴、可复制的样板价值，是弘扬践行伟大建党精神、红船精神最生动的写照，是开展红色教育最好的“教科书”。

为规范发展红色教育工作，嘉兴创新推出了红色教育规范发展嘉兴“12345”模式，即树立一个核心理念，把坚持“规范发展”理念落实到工作全过程，通过标准化、规范化方式，引导嘉兴红色教育市场健康有序发展；推进两个深度融合，将全市177家爱国主义教育基地、214个红色旅游点整合融通，实现开展红色教育与发展红色旅游经济同频共振、互融共促；丰富三大精神内涵，围绕红船精神“首创”“奋斗”“奉献”精神内涵，设计推出21条精品线路；搭建四级组织架构，组建工作领导小组及其办公室、红色教育中心、红色教育联盟，建立完善全市红色教育行业领导、管理、执行体系；健全五项管理制度，出台《嘉兴市红色教育管理办法》及制定机构准入、现场研学点和师资认定、教材管理实施细则，从制度层面推进长效规范。

2.红色研学得到政策支持

2019年12月6日，嘉兴市教育局、文化广电旅游局等十部门联合印发《嘉兴市中小学生研学旅行工作实施办法》，从组织与管理、内容与形式、服务与安全、导师与基地、经费与保障等方面提出明确要求，规范和引导中小学研学旅行工作的组织与实施，以制度促进研学旅行活动的健康发展。

3.红色研学产品有一定基础

截至2023年7月，嘉兴已有市级以上研学基地（营地）53家，其中国家级2家、省级12家、市级39家；共有21条具有嘉兴特色的红色教育现场研学精品线路，串联起嘉兴全市70个红色教育研学点，展现了嘉兴革命文化和历史文化的厚重，并结合当地实际，展现了嘉兴在城乡统筹、长三角一体化发展、数字经济、营商环境、地瓜经济、共同富裕、美丽乡村建设等方面取得的丰硕成果和经验。

4.精神文化内涵深厚

嘉兴作为党的诞生地，具有深厚的精神文化内涵——“红船精神”，即开天辟地、敢为人先的首创精神，坚定理想、百折不挠的奋斗精神，立党为公、忠诚为民的奉献精神。“红船精神”具有重要的教育功能，也是新时代青少年需要着重去了解和体验的。“红船精神”为嘉兴红色研学旅行产品的教育特性提供了丰富的精神食粮，也是嘉兴红色研学旅行产品设计中的必要元素。

（二）嘉兴红色研学旅行产品存在的问题

在新时代背景下，嘉兴红色研学旅行产品主要存在三大问题：资源有待深度化整合、线路有待体验化设计、产品有待系统化推广。

1.资源有待深度化整合

首先是嘉兴的研学旅行资源并没有得到系统化设计和整合。从嘉兴推出的研学旅行线路中可以发现，各县市区对红色研学旅行资源的开发与设计存在着各自为政的现象，大部分研学旅行点均集中在自己的地域中。这种情况导致研学旅行产品的种类受到了较大的限制，难以形成鲜明的嘉兴红色研学旅行品牌。其次是嘉兴的研学旅行保障设施不足。研学旅行产品较其他旅游产品有其特殊性，最主要的受众群体为中小学生，该目标客户意味着需要更多的人力、物力进行支撑与保障。相对于丰富的红色旅游资源和数量众多的红色研学点，当前嘉兴的研学基地（营地）远远不能满足接待的需求。

2. 线路有待体验化设计

就嘉兴目前推出的红色研学旅行线路来看，大部分研学点提供的研学方式是参观游览，或者去纪念馆、博物馆等观看欣赏一些图片和文物，并没有将“研学旅行”和“观光旅游”进行明显的区分，缺少相关教育性、体验性活动，不利于激发学生的学习兴趣，发挥其主观能动性进行自主探究，不能很好地发挥“研+学”的作用。

3. 产品有待系统化推广

在相关调研中发现，目前嘉兴红色研学旅行产品在推广中虽然利用了部分新媒体，例如利用微信公众号发布相关推送、在线上新闻平台发布产品信息等，但这类推介方式主要是单向信息输出方式，而不是双向互动。而在调研和采访中发现，主要目标群体接触最多的途径是抖音、小红书等媒介，倾向的推广方式是视频、直播等。目标群体的需求和现有的推广方式并没有完全对应，推广效果有待进一步提升。

三、嘉兴研学旅行展望

（一）分层次设计，打造“红色+N”研学产品

不同年龄段的中小学生对于研学产品的需求不同。目前按照模式划分的红色研学旅行类型主要有以下五种：红色景观观赏型、红色体验考察型、红色励志拓展型、红色文化科普型、红色康乐休闲型。研学旅行的目标客户主要是中小学生，所以在设计的过程中，应该根据不同年龄段学生对于知识、体验的不同需求，设计不同层次、不同形式的研学旅行产品。

在调研中发现，中小学生除了对红色文化有着浓厚兴趣外，对于地方民俗、自然环境、特色文化、美食特产同样抱有较高的探究兴趣。所以在设计红色研学产品的过程中，可以丰富产品的内容和类型，地域间进行合作，整合当地的优势旅游资源，开创“红色研学+当地民俗”“红色研学+

当地生态”“红色研学+特色文化”“红色研学+特产美食”等多类型研学产品。这样不仅能够提升客户的兴趣，也能够丰富研学产品，起到“1+1>2”的效果。例如针对小学生，小学阶段不仅是学生知识接收的高峰期，同时也是爱玩的年纪，在研学过程中可以增加体验游戏、讲故事、情景模拟等环节；针对中学生，中学阶段不仅是学生接受知识，也是形成三观的关键时期，在产品设计过程中，既要注重知识输送，也要注重爱国主义、革命精神等思政教育，提升学生的政治素养。

（二）丰富体验形式，充分调动“五感”

在研学产品设计中，应该充分调动“五感”，即视觉、听觉、嗅觉、味觉、触觉。研学产品设计不能仅仅局限于简单的知识输出或观光浏览，更重要的是要注重体验，让学生在自主探究中感受相应的知识与文化内涵。在调研中发现，嘉兴现有的红色研学产品大部分停留在参观浏览阶段。

随着信息化时代的发展，嘉兴红色研学旅行产品可以借助新媒体及高新科技，例如利用互联网、VR等技术，突破时空的限制，延伸研学产品的横向和纵向跨度，帮助学员获得更多的特色体验。在参观南湖革命纪念馆研学点前，可以通过线上视频形式进行相关知识导入，激发学生的兴趣，同时也使学生对参观地有一定的了解。在参观过程中，除了看展览听讲解外，可以利用VR技术，模拟建党时的一个又一个感人故事，增加沉浸式体验，让学生从被动吸收知识到主动体验，激发学生参与的兴趣，从“听”到“体验”，再到“感悟”，深化研学产品内涵，增强体验属性。

（三）更新推广方式，打造新媒体矩阵

由于研学旅行的主要目标客户为中小学生，该部分人群在信息接收和信息输送中有个很重要的特点：习惯并善于使用新媒体。所以在嘉兴研学旅行产品推广中，在传统媒介基础上，可以适当增加新媒体元素，打造新媒体矩阵。

在信息推广方面，嘉兴红色研学可以利用微信公众号、抖音、小红书等热门的新媒体平台创建“嘉兴红色研学旅行”官方账号，发布研学旅行信息，通过图文、音频、视频、直播等多种方式吸引中小学生群体。嘉兴红色研学可以让参与的学员从被动的信息接收者变成主动的推广者，利用中小学生喜欢的方式，搭建平台鼓励研学对象晒出研学经历，也可以在微信公众号、抖音、小红书等热门平台，利用学员的自媒体账号发布推广信息，分享自己的感受。在销售渠道方面，旅行社除了可以利用传统媒介之外，还可以建立自媒体账号，利用现有最热门的直播方式，带领粉丝“云体验”相关红色研学产品，增强产品的感召力和吸引力，提升产品的知名度和销量，让更多学生在“云端”也可以研学旅行，体会嘉兴魅力。

第二节　苏州丝绸——人才桑梓遇苏州

一、线路概述

（一）发展背景

中国是世界上最早饲养家蚕和织造丝绸的国家，现今世界各国的蚕种，都是由我国传播出去的，我国素有“丝绸之国”的美称。蚕桑丝绸伴随着中华文明的发展，凝集着中华文化的精髓，具有深厚的历史底蕴。苏州地处太湖流域，适桑宜蚕，很早就有种桑养蚕的习俗，是我国蚕桑丝绸的重要基地。将蚕桑丝绸文化与苏州旅游相融合，既能推动蚕桑丝绸产业发展，又能丰富苏州旅游的文化内涵。在苏州这个非遗文化备受重视之地开展研学旅行，一方面是素质教育改革的重要举措，另一方面也是文旅融合、旅游发展的新形式。将研学旅行与丝绸文化相融合，可以让非遗文化走入更多孩子们的心间。

（二）线路内容

苏州丝绸博物馆是我国第一座专业的丝绸博物馆，馆内有众多新石器时代到明清时期的文物级藏品、标本，是集陈列、科研、教育、生产、旅游于一体的多功能博物馆（如图6-4所示）。

图6-4　苏州丝绸博物馆

太湖雪蚕桑文化园是一个以蚕桑文化为主题的生态园，以蚕的生命历程为主线，拥有栽桑、养蚕、剥茧、缫丝、制被等传统手工艺，传承吴地千年特色的蚕桑文化。

苏州市第一丝厂形成了丝绸文化展厅、蚕桑文化陈列馆等，以老照片、老机器、女工现场展示的形式，完整展现了从栽桑、养蚕、缫丝、织造到制作蚕丝被的生产场景（如图6-5所示）。

图6-5　苏州市第一丝厂

镇湖刺绣名师工作室是众多镇湖刺绣名师聚集之地。苏绣是中国四大名绣之首，而镇湖又是苏绣的重要发源地。镇湖刺绣以吴文化为底蕴，以染色纯桑蚕丝为绣线，在绸、缎、绡、帛等底料上应用齐针、乱针、施针、滚针、打籽针、滴滴针等苏派针法和丝线的折光、反光和透光原理，通过手工运针走线方式在地理标志保护范围内完整地体现精、细、雅、洁特色。

震泽古镇位于江苏省苏州市吴江区西南部，与浙江省毗邻，古称“吴头越尾”，是吴江的“西大门”。震泽古镇是一个拥有两千多年历史的江南名镇，也是中国著名的蚕丝之乡，主要景点有师俭堂、慈云寺塔、王锡阐墓等（如图6-6所示）。

图6-6 震泽古镇夜景

（三）研学课程

1.非遗主题体验课堂

蚕桑丝绸旅行中设置了“非遗课堂”，“非遗课堂”由非遗传承人、工艺匠人、行业高人担任讲述人，通过妙趣横生的讲述、专业的解说、妙手生花的展示，让参与者深入体验和学习独具匠心的非遗文化；并结合数字科技，从视觉、内容、体验交互设计上让学生更轻松愉快地学习蚕桑文化。

2.民间游戏拓展

选择流传于震泽民众生活中带有教育感染力的一些传统的体育、语言和手工制作等游戏活动，丰富同学们的研学内容。

（1）体育游戏

弹弹珠、滚铁环、跳橡皮筋、丢手绢、拍电报等，这些游戏取材方便，玩法多样，深受大家喜爱。

（2）语言游戏

民谣《老公公》《虫虫飞》等，让同学们以方言的形式边说边玩，趣味无穷。

（3）手工制作游戏

蚕豆飞鸟、蚕豆金鱼、芦苇哨子等，这些游戏材料新颖，好玩有趣，且可以培养学生的动手能力。

3. 古镇主题沉浸式游戏

带队老师根据某一主题，设计一些综合性的游戏活动，如“震泽美食节”等主题游戏，这些综合性游戏通常是团体联动，不仅有利于同学间的交往、协商、解决问题等能力的发展，还有利于促进学生情感共识能力的提高。

二、线路评析

苏州自古就是丝绸织造的城市，丝绸文化是苏州文化的有机组成部分和精华，是苏州的一张城市名片，苏州也一直力求打造成为名副其实的“绸都”。苏州丝绸文化源远流长，蚕桑丝绸研学资源丰富。

（一）苏州非遗丝绸文化研学线路特点

1. 特色的蚕桑丝绸研学旅行资源

苏州自唐宋以来就是全国的丝绸中心，明清时期皇家高级丝绸制品基本出于此，丝绸生产贸易发达，在城市空间、历史遗迹、产业布局等方面留下了诸多印记。例如，苏州丝绸博物馆是我国第一座专业的丝绸博物馆，馆内有众多新石器时代到明清时期的文物级藏品、标本，是集陈列、科研、教育、生产、旅游于一体的多功能博物馆。又如，苏州吴江震泽是著名的蚕乡，因蚕桑而成集，因市盛而成镇，蚕丝是其独特的人文符号。震泽古镇不仅留有很多与蚕桑有关的名胜古迹，时至今日游客还能体验到太湖流域的养蚕历史、拉棉制被、扎染刺绣、真丝品等制作工艺。

2.拥有设计精良的研学旅行场景

苏州研学旅行场景包括太湖雪蚕桑文化园、苏州市第一丝厂等。由“绣娘丝绸”挖掘打造的丝绸文化IP项目——江南织造府恢复了刺绣工坊、织造工坊，再现了苏州刺绣、丝绸巅峰时刻。研学产品呈现多向发展趋势，将丝绸、文化和研学旅行结合起来，既能形成产业和文化的双赢，又能推动苏州丝绸文化的发展。

3.较为成熟的研学旅行线路产品设计

2019年江苏省文化和旅游厅评选出的46条研学旅游产品中，“‘读吴地风雅，赏姑苏繁华’——吴地丝绸文化深度践行之旅”“震泽丝绸文化研学之旅”两个旅游产品脱颖而出，因为它们都有较为完善的主题研学目标、线路设计、体验内容，也有较为完善的研学旅行线路。

（二）丝绸非遗研学旅行产品存在的问题

1.产品设计雷同，创新性有待提高

目前的产品设计大都还是按照“参观—简单体验”的思路进行，景点之间的衔接也多为游览组合，体验内容差异性不大，缺少产品间的融合创新。这种设计模式导致产品吸引力不强、丰富度不够，开发出的蚕桑丝绸研学产品相对单调，产品差异不够，难以体现研学旅行中“研”的深度与意义。

2.产品体验浅层化，活动设计单一

研学旅行产品的开发应该体现整合设计的理念，让多领域的知识在研学活动中得到延展、综合、提升。现有研学旅行产品存在简单的浏览参观、简单DIY、手作体验比重较大等问题，较少按照“螺旋式上升”学习的路径进行设计，难以在研学中体现传统文化的深层魅力。

3.相关教育支持人员缺乏

现有的研学线路中，研学导师多为从旅行社专职或兼职导游中临时抽调，部分知识型内容讲解员由相关景点及领域工作人员担任，教学研究内容缺乏深度，课程结构碎片化，难以保障研学旅行的效果。

4. 缺少整合完善的研学旅行线路设计

现有研学产品以博物馆、蚕桑丝绸企业、刺绣名师工作室的单项研学旅行产品，或者是旅行社推出的组合旅行产品中的一个内容为主，缺少蚕桑丝绸主题研学旅行线路的设计，尚不能整合各板块的优势力量，形成资源互补、互通有无的主题研学产品。

5. 研学旅行的评价模式缺乏多元性

现有的蚕桑丝绸研学旅行评价重结果轻过程，缺少合理有效的评价机制。研学评价不能仅仅是效果展示，除了评价效果外，还要评价过程。在评价主体方面除了要有教师评价，也要注重同伴互评和小组评价。

三、苏州研学旅行展望

1. 促进资源融合，贯穿通识教育理念

将地理、历史等文科类知识融会贯通，将游学、研学环节彼此关联并相互衬托。完善研学课程设计，建构任务驱动型研学活动，建立起任务驱动—搜寻资料—查找方法—运用资料—完成任务—展示交流的活动过程。

2. 丰富研学旅行产品内容，增强研学旅行趣味性

让产品涵盖自然生态、地理人文、文学典籍、科学技术等方面的内容，同时注重产品内容打造，做好课程设计，丰富产品的互动性、参与性、趣味性。充分开发双向互动式研学产品，呈现有深度的研学内容。

3. 做好研学旅行教育支持服务

为学生开展学习活动提供必要的教育设施和课程学习材料。根据不同年龄段学生的思维特点设计符合该年龄段学生的研学旅行学习材料包，如制定课程活动指南、任务单、多媒体辅助材料等。随着科技的发展，研学旅行过程中还可以加入与研学主题相关的视频、电子图文素材等，如纪录片、歌曲、图片、历史典故、地理知识等，方便学生延展知识面，深度学习。

4. 丰富研学活动类型，应用数字科技加强活动交互性

在传统的研学活动基础上开展系列体验活动，如文字成语等丝绸文化主题竞赛、节气与蚕桑文化、丝绸之路与蚕桑文化主题活动、展示交流活动、服饰礼仪主题活动等。整合博物馆、文化馆资源，结合数字科技，从视觉、内容、体验交互设计上让学生更轻松地学习蚕桑文化知识。

5. 做好研学导师等教育支持服务人员的配置工作

研学导师不同于普通的导游工作，应能够根据研学指南要求，执行研学旅行课程方案，为学生提供具有针对性、互动性、趣味性、启发性和引导性的知识讲解与方法指导，推进研学旅行的进程。研学教育服务并非研学导师一方之责，还需要景点讲解员、手工艺人等共同负责。如蚕桑丝绸旅行中可以设置“非遗课堂”，而“非遗课堂”由非遗传承人、工艺匠人、行业高人担任讲述人。

第三节 英国——现代旅行业诞生地

一、线路概述

（一）发展背景

作为现代旅行业诞生地的英国，一直以来就有推崇研学旅行的风气。被称为“大陆游学”的“The Grand Tour”，实际上就是研学旅行。英国的“大陆游学”兴盛于17—19世纪，游学主体是家产雄厚的贵族子弟，观光和学习是游学的重要内容，主要目的地是巴黎和意大利的名城。游学内容包括对外邦语言、历史文化和礼仪的学习，结交名流，考察社会民情和政治制度，以及搜集文化珍品和文物。研学旅行对于英国人开阔视野、理性看待并合理汲取异国文化功不可没。英国的“大陆游学”随着社会的发

展，从最初的贵族化活动逐渐转变为大众化的教育活动。

（二）线路内容

英国国家美术馆，又称伦敦国家美术馆，位于英国伦敦市中心特拉法加广场的正北方向，成立于1824年（如图6-7所示）。

图6-7　英国国家美术馆

剑桥大学是一所世界顶尖的公立研究型大学，采用书院联邦制，坐落于英国剑桥，在众多领域拥有崇高学术地位及广泛影响力，被公认为当今世界最顶尖的高等教育机构之一。剑桥大学设八座文理博物馆，拥有馆藏逾1500万册的图书馆系统及全球著名的出版社——剑桥大学出版社（如图6-8所示）。

图6-8　剑桥大学一隅

老特拉福德球场是一个全座位足球体育场，自1910年起便成为曼联的主场，有"梦剧院"的美称。老特拉福德球场是曼联球迷眼中的圣地。球场的参观分为博物馆游览和联程游览，博物馆游览可以详细了解曼联俱乐部的历史。联程游览不但可以参观博物馆，还可以进入球场、球员更衣室、新闻发布室等球场设施（如图6–9所示）。

图6–9　老特拉福德球场远景

（三）研学课堂

1. 文化熏陶式感受

把参观文学巨匠和著名学者的出生地与故居、世界顶尖老牌高校的夏令营活动纳入教育旅行的重点项目，以博物馆教育、名人文化、名校游为载体，使学生在潜移默化中接受英国文化的熏陶。与此同时，通过参观体验当地的历史古迹、自然景观、文学艺术，体育赛事等，与当地学校或社会进行全面交流、合作与互动，深度融入当地文化氛围，实现跨文化的研究性学习。

2. 自然沉浸式体验

自然环境是英国教育旅行的重要资源之一。英国教育旅行的主要宗旨是通过户外体验方式让学生的感官系统活跃起来，身心俱沉浸于所在环境，以此提高学生的动手能力、实践能力和生存能力。首先，校方或民间机构会经常开展野外教育探险、自然历史古迹游学、自然中的动植物观察和景观观赏等类型的学生旅行课程。其次，英国专门的户外教育学习中心通过对户外活动的设计，增强户外活动的参与度与体验感，来吸引学生参与。最后，为鼓励学生接触自然，尊重自然，“森林研学”的理念日趋盛行，在官方和非官方组织的推广下，森林研学备受学校青睐。

3.户外交流式研讨

在英国，户外教育不一定要去野外或多远、多特别的地方，户外教育或者说户外学习可以在任何地方发生。有户外教育理念和实践的教师往往会合理地运用好学校及其周围的每一块区域。

学校的附近往往有许多合适的地方可供学习，如就近的国家自然保护区和公园等。将研学旅行与学校教育内容相结合，根据不同的主题设计课程，让学生去感知。此外，也可以多次到同一个地方，可以让学生看到这个地方每天、每月、每季度或每年的变化。学生们也许会在同一个地方冒出不同的观点和问题，如此可以帮助学生更深入地学习。

二、线路评析

（一）英国研学旅行线路特点

1.明确的目标与内容，回归教育本真

研学旅行是“研学”和“旅行”的有机结合，二者缺一不可。在对研学旅行目标的确定上，英国始终坚持以学生的成长为导向，做到“游学并重”。英国中小学研学旅行既安排以观光旅游为主要形式的观赏路线，又有以问题驱动的任务型组织形式，主要引导学生在旅行中学会思考，提升解决问题的能力。为了适应每一位学生的发展，让中小学生在参加研学旅行过程中能够依据自身不同的需求参与不同主题的活动，不同发展阶段、不同兴趣爱好的学生，都能够获得恰当的研学旅行内容。

2.完善的保障机制，优化的实施过程

英国已经颁布了相对完善的政策来保障研学旅行的实施，同时还积极调动社会各界力量为研学旅行的发展解决后顾之忧。一方面，为了确保研学旅行的公平性，政府支持财政拨款和其他途径筹措经费机制，为所有学生提供平等的参与机会。另一方面，英国的“国民信托”基金会作为研学旅行指导的专业机构，致力于为中小学提供研学旅行服务。在研学旅行的设计规划过程中，英国注重在活动中获取知识，在体验中促成学生发展。在实施过程中，英国重视紧急事件的方案应对，将保障交通安全、食品安全等落到实处。

3.坚持育人为本，做到可持续发展

英国为了贯彻实施研学旅行活动，已经形成了具有国家特色的研学旅行标准体系，活动的组织形式灵活多样，以适应不同时期学生的需求。小学、初中和高中阶段的研学旅行相互衔接，通过学生不同阶段的认知特点和心理特征，设计相对应的活动实施方案，环环相扣，促进学生的发展和提高。

此外，英国较为重视研学旅行的连续性。从活动开始到结束，关注学生的知识经验的生成和评价，帮助学生建立完整的研学旅行知识体系，且始终随着社会时代背景的变化不断改进，根据时代需求加入新的内容，保证其在学校教育中繁荣发展的态势。

（二）英国研学旅行线路保障机制分析

1.经费保障机制

英国解决教育旅行经费问题主要是通过建立多种资金筹措渠道和节约教育旅行成本两种途径。

（1）建立多种资金筹措渠道

首先是学生家长的自愿性捐款。在英国，公立学校提供免费的教育，在两种情况下，学校可以要求学生家长自愿捐款：一是学校在课堂外进行与国家课程、宗教教育相关的研学旅行计划；二是学校为学生开设与公开考试课程大纲相关的研学课程。

其次是学校的教育旅行预算。英国教育旅行的顺利开展，得益于学校财务预算对研学课程规划的支持。学校会将教育拨款优先用于教育旅行学校。此外，学校依照相关减免政策，会将一部分财务预算用于资助贫困学生。

最后是一些社会机构的资助。学校可以寻求外部资金的资助，主要包括：教育部授权的预算，如学生津贴、当地帮助贫困家庭的慈善信托基金、议员地方预算、筹款、赞助、青年会基金（13—19岁的年轻人可在该基金申请与项目有关的具体资金）。

（2）节约教育旅行成本

实现所有青年人都能参与研学旅行的有效方法之一就是控制开展教育旅行的成本。英国不会忽视任何一个在校园内学习的机会，会在校园野生动物区、校园池塘及校园定向越野活动中开展教育活动。英国的教育旅行能够利用步行距离内的一切资源，如当地的公园、林地、教堂或村庄。

一般会选择学校的教师或志愿者组织领导学生，而不是研学基地的导师。此外，会将露营作为住宿选择。

2.运行保障机制

英国国会对地方政府应该如何配合学校实施研学旅行没有具体的要求，因此英国中小学研学旅行相对较为开放。值得关注的是，英国民间慈善机构“国民信托”，在中小学研学旅行中起到运作保障的作用。“国民信托”基金会是一个以保护自然环境和历史文化环境为最终目标、跨国界的民间慈善组织，也是学校参观英格兰、威尔士、北爱尔兰的历史建筑、海岸和乡村的最大资金提供者。

3.双轨并行保障机制

英国教育旅行在实际开展过程中，学校、教师和学生三方都可能会面临一些限制，为避免此类限制，其组织形式分为两种。

（1）学校组织开展

由学校组织教育旅行，学生集体参加，课室外学习委员会和当地管理机构共同监管，教育旅行供应商提供基础产品。此类形式中会有专业教师陪同，能够对行程中遇到的问题及时点拨，同时集体出行的方式，可以增加师生之间、学生之间的情感交流，培养学生的合作探究能力。

（2）旅行社组织开展

由于英国教育旅行市场较为成熟，且在安全风险管理方面有着先行经验。因此，目前主要的组织形式是由旅行社开展教育旅行，相关教育旅行供应商根据学校的课程和学生的需求设计相关产品。此类形式中，学生可以自主选择教育旅行主题，他们的个体差异得到更多尊重和考虑，自主探究能力和自主解决问题能力得到充分培养。

第七章　研学旅行线路设计实训

【本章概要】

学术界普遍认为研学旅行构成要素中的线路设计与研学体验的关系最为密切，理由有三：一是线路设计中对各个研学点的选择，决定了研学体验的内容构成；二是线路设计中对具体时间的分配，决定了研学体验的质量效果；三是线路设计中对活动的组织设计，决定了研学体验的层次深度。因此，研学旅行线路设计是相关专业学生必备的专业技能。本章主要通过研学旅行线路设计实训，来了解研学旅行线路设计各要素之间的关系，并使学生对研学旅行线路设计的具体操作有更为直观、全面的认识。

第一节　全域研学旅行线路设计——以海南省为例

一、全域旅游概念及内涵

2008年浙江绍兴市提出“全域旅游”发展战略，启动全域旅游区域总体规划。2015年国家旅游局下发《关于开展“国家全域旅游示范区”创建工作的通知》。自此，全国全域旅游正式展开，各地纷纷响应国家号召，积极启动全域旅游创建工作，一大批全域旅游示范点正式上线。

全域旅游是指在一定区域内，以旅游业为优势产业，通过对区域内经济社会资源尤其是旅游资源、相关产业、生态环境、公共服务、体制机制、政策法规、文明素质等进行全方位、系统化的优化提升，实现区域资源有机整合、产业融合发展、社会共建共享、以旅游业带动和促进经济社会协调发展的一种新型区域协调发展理念和模式。

全域旅游是旅游产业创新发展的新模式，是从顶层设计的角度对旅游产业发展做出的重要战略规划。从宏观上看，全域旅游是在一定的区域范围内，以旅游产业发展为龙头，对该区域范围内的相关产业和社会资源进行整合优化，配合相应的环境建设、政策体制以及公共服务等要素，推动区域经济水平和居民生活水平的全面提升，形成旅游产业与相关各类资源的全面融合、协同共享及良性互动的局面。从微观上看，全域旅游一方面通过多种途径更好地为游客提供服务，满足游客期待；另一方面通过各行业与旅游产业的协同发展，为旅游景区基础设施建设与旅游服务的完善奠定基础。

二、海南省研学旅行实践教育基地

2018年6月至8月，海南省教育厅联合海南省旅游和文化广电体育厅组织了海南省第一批省级中小学生研学旅行实践教育基地申报和评选工作。经申报材料评审和实地考核，评选出海南省第一批省级中小学生研学旅行实践教育基地20个，主要分为以下四类。

（一）红色教育基地

1.母瑞山革命根据地纪念园

其位于海南省定安县南部，是为纪念在冯白驹和王文明的带领下建立的琼崖革命根据地而建造的。该处是土地革命时期琼崖特委、琼崖苏维埃政府和红军独立师的机关驻地。母瑞山在琼崖革命23年红旗不倒中发挥着重要的作用，是琼崖革命的摇篮。

2. 红色娘子军纪念馆

其位于琼海市嘉积镇，是为纪念第二次国内革命战争时期诞生的“中国工农红军第二独立师女子军特务连”而建造的。红色娘子军的故事曾被改编为电影、芭蕾舞剧、京剧、电视剧、大型舞台情景剧等艺术形式，广为传诵（如图 7-1 所示）。

图 7-1　红色娘子军纪念馆

（二）文化旅游区

1. 儋州东坡书院

其位于儋州市中和镇，是苏轼谪居海南的生活遗址。建于北宋，后经重修。原为载酒堂，明代更名为东坡书院，是全国重点文物保护单位。苏轼在海南的谪居生涯为海南留下了宝贵的文化财富。

2. 海南文笔峰盘古文化旅游区

其位于定安县中部，是具有道教文化特色的旅游区。文笔峰山麓有玉蟾宫，是道教南宗五祖白玉蟾的最终归隐之地。白玉蟾是道教内丹派南宗的创始人。

3. 海南槟榔谷黎苗文化旅游区

其位于保亭黎族苗族自治县与三亚市交界的甘什岭自然保护区，景区内有十项国家级非物质文化遗产，具有鲜明的黎苗文化特色，是海南少数民族的“活化石”（如图 7-2 所示）。

图 7-2 海南槟榔谷黎苗文化旅游区

4. 中国雷琼世界地质公园（海口园区）

其位于海口市石山镇，公园内火山密集，共有 101 座火山。火山类型几乎涵盖了玄武质岩浆爆发与蒸汽岩浆爆发的所有类型：熔岩锥、碎屑锥（溅落锥、岩渣锥）、混合锥、玛珥火山（低平火口、凝灰岩环），且保存完整，是我国第四纪火山带之首（如图 7-3 所示）。

图 7-3 中国雷琼世界地质公园（海口园区）

5. 博鳌亚洲论坛永久会址

其位于琼海市博鳌镇。该论坛是一个非政府、非营利性、定期、定址的国际组织，目前已成为亚洲以及其他大洲有关国家政府、工商界和学术界领袖就亚洲以及全球重要事务进行对话的高层次平台。

（三）热带自然资源基地

1. 海南呀诺达雨林文化旅游区

其位于保亭黎族苗族自治县三道镇，具有典型的热带雨林特色，如绞杀植物、老茎生花、藤本攀附、高板根、根抱石等雨林奇观随处可见。

2. 海南尖峰岭国家森林公园

其位于乐东黎族自治县和东方市交界处，是新中国第一个以热带雨林为特征的国家森林公园，为中国生物多样性高的地区之一。野生蕨类植物、裸子植物、被子植物，鸟类、兽类、两栖类动物、爬行动物、大型真菌、昆虫等种类繁多，部分被列入国家重点保护野生动植物。

3. 海南热带野生动植物园

其位于海口市东山镇，是中国集珍稀野生动植物科普博览、保护繁殖、观光旅游、休闲度假于一体的主题公园。

4. 万宁兴隆热带植物园

其位于万宁市兴隆温泉旅游区，具有独特的地理位置和气候条件。1957年由中国热带农业科学院香料饮料研究所开发管理创建，并被选定为收集保存国内外热带、亚热带植物种质资源基地。现已成为一座集科研、科普、生产、加工、观光和种质资源保护为一体的综合性热带植物园，园内保存有数千种独具特色的热带、亚热带植物种质（如图7-4所示）。

图7-4　万宁兴隆热带植物园

5. 海南热带飞禽世界

其位于定安县塔岭新区，是国内最大的鸟文化主题公园，园内有300余种30000余只热带飞禽，涵盖了海南绝大多数鸟类。

（四）现代科技教育基地

1. 文昌市航天科普馆

其位于海南省文昌市，是海南首个航天文化、历史事件、纪念珍藏的综合性主题展馆，距文昌卫星发射中心约24公里。文昌航天科普馆以多元化的展示手段生动展示了中国航天事业的发展历程。

2. 儋州市科技馆

其是海南西部地区首个实体科技馆，占地面积2000多平方米，以“探索科技创想未来”为主题，共设有“AI，超越人类”“探秘无尽深蓝”“玩美视界”“梦幻心理科学”四个基础科学展示区，“水资源保护”“眼健康知识”两个专题展示区，以及“企业及产业科技”展示区，也是目前海南展览面积最大的市县级科技馆。

三、海南研学旅行的发展

（一）海南发展研学旅行具有重要的时代意义

第一，海南是中国与全球跨文化交流的桥头堡。

第二，研学旅行是海南文旅融合高质量发展的重要业态。

第三，研学旅行是海南建设国际教育创新岛的生动实践。

第四，海南是世界研学旅游组织（WRTO）理念与实践的试验田。

（二）海南拥有世界级的研学旅行资源

海南岛是我国知名的热带岛屿。这里独特的地理位置、气候条件、人文历史是研学课程的重要资源，并成为海南开展研学旅行基地建设的重要基础。

自然资源方面，海南拥有海洋资源、热带雨林、珍稀动植物、火山与溶洞、地热温泉等；人文资源方面，海南拥有南洋文化、东坡文化、非遗民俗、红色文化、航天文化等。

（三）海南研学旅行的探索和实践

1.制定积极的研学政策进行引导

2017年12月，海南省教育厅等12部门联合制定并印发的《关于推进中小学生研学旅行的实施意见》，将研学旅行纳入海南省中小学教育教学计划。2019年6月，教育部、海南省人民政府联合印发的《关于支持海南深化教育改革开放实施方案》，提出要推进科教产协同发展，构建产学研用一体发展的高等教育集群，为研学旅行提供政策引导。

2.推进研学基地的申报认定与课程建设

2017年、2018年经过教育部评审，海南省16个基地被评为全国中小学生研学实践教育基地。2018年海南省旅游委、教育厅启动全省省级和市县级研学旅行基地申报和遴选工作。截至2019年，连续两年评选了39个省级研学旅行基地，同时公布了7条海南省中小学生研学旅行精品线路。

按照区域划分的有3条线路。

西线为：海南科教防灾减灾训练基地—儋州东坡书院—昌江黎族自治县青少年活动中心—海南铁路博物馆—海南尖峰岭国家森林公园。

中线为：海南热带野生动植物园—屯昌坡心互联网小镇—海南鹦哥岭省级自然保护区—海南呀诺达雨林文化旅游区—海南槟榔谷黎苗文化旅游区。

东线为：文昌航天主题乐园（航天科普中心）—文昌市航天科普馆—中国（海南）南海博物馆—博鳌亚洲论坛永久会址—万宁兴隆热带植物园—梅沙教育-三亚户外学校—亚龙湾海底世界。

按照主题划分的有4条线路。

地质科普类线路为：中国热带农业科学院热带作物品种资源研究所（儋州）—雷琼世界地质公园（海口园区）—文昌航天主题乐园（航天科普中心）—文昌市航天科普馆—中国（海南）南海博物馆—中国热带农业科学院香料饮料研究所（万宁）—三亚航空旅游职业学院。

革命传统类线路为：海南铁路博物馆—母瑞山革命根据地纪念园—红色娘子军纪念园。

自然生态类线路为：海南热带野生动植物园—海南热带飞禽世界—万宁兴隆热带植物园—海南呀诺达雨林文化旅游区—海南鹦哥岭省级自然保护区。

文化旅游类线路为：海口观澜湖度假区—海南文笔峰盘古文化旅游区—博鳌亚洲论坛永久会址—海南槟榔谷黎苗文化旅游区—儋州东坡书院。

3.积极开展和落地丰富多彩的研学活动

2019年12月，第二届三亚亲子旅游产品交易会开幕，旨在不断引导三亚研学行业朝着规范化和有序化方向发展。2020年11月，泰国华裔学子参加海南“寻根之旅”研学活动，该研学活动致力于推广海南特色旅游资源及特色区域文化。2021年5月，“跟着非遗逛海南——2021海南非遗研学发展大会”系列活动在海南槟榔谷黎苗文化旅游区启动。

4.加强对中小学研学旅行工作的奖补

按照海南省教育厅等12部门联合制定并印发的《关于推进中小学生研学旅行的实施意见》中的“各级地方财政要加大对研学旅行的支持力度，建立以奖代补的经费保障机制，对四年级至八年级、高一至高二年级学生按每生每年100元的标准拨付经费奖补学校开展研学旅行活动”的要求，从2019年起对海南各市县以及省属中学开展的研学旅行活动进行奖补。学生参与研学旅行活动的数量逐年增长，推动了海南省研学旅行活动的蓬勃发展。

随着国家和海南多部门研学政策的相继发布，政策利好，海南研学旅行市场逐步规范，研学旅行行业需求得到进一步释放，中小学生群体研学市场呈现几何级数增长。

四、全域旅游背景下如何开展研学旅行

新时代背景下，不仅要培养学生掌握书本知识的能力，更重要的是培养学生适应社会发展、服务社会发展、建设社会主义的能力。在研学旅行过程中，需要学生学会团队协作，学会研究、探索，在不断研讨中求索创新。

（一）提前谋划，制定方案

开展研学旅行活动，需要有明确的目标，即要把培养学生能力作为研学旅行的目的。学校、班级在开展研学旅行活动之前，要对研学旅行教育基地的课程进行针对性研究，并根据培养学生能力的方向选定课程。学校、班级要根据研学旅行活动方向，制定切实可行的实施方案，方案中要包含课程负责人、小组负责人、安全管理、课程安排、课程时间、交通安排、食宿安排等，并制定安全管理预案，方可组织实施。

（二）有针对性地开展小组合作

在了解到研学旅行基地的研学课程后，教师要将课程内容介绍给班级学生，学生可根据自身爱好和特长，选择合适自己的课程，并根据课程选择分成不同的课程小组。课程小组中由学生自己推选出的小组长负责协调、召集本组成员，并根据学生实际情况进行组内分工，各司其职，为开展好研学旅行活动做好准备。教师要做好各种应急准备，将活动开展过程中的注意事项向学生提前告知，并及时与学生家长取得联系，寻求学生家长的支持，若有可能，可邀请部分学生家长参与学生管理和安全管理。

（三）组织实施，总结经验

根据预先制定的研学旅行实施方案，选择适合学生的课程开展活动。在活动过程中，学生是主体，教师主要负责学生的安全管理和后勤保障。

研学旅行基地一般都配有专业的研学导师，学生在导师的指导下完成课程内容。在研学旅行结束后，学生、教师都要进行总结，写心得体会。

“纸上得来终觉浅，绝知此事要躬行”。建设中国特色社会主义强国，不仅需要有坚实的理论基础，更需要具有敢于创新、敢于实践精神的人才。而开展实践性的研学旅行活动，对培养实践型、创新型人才具有重要意义。

第二节 陕甘宁红色研学旅行线路设计

一、红色旅游的研学内涵

红色旅游在爱国主义教育、革命传统教育和国情教育上具有特殊作用，能够培养学生的社会责任感和实践能力。利用红色旅游的形式开展研学旅行，对全面提升中小学生的素质教育将起到极大的促进作用。通过对红色旅游的研学内涵进行研究，把握其在提升学生素质教育活动中的规律，能够高效实现研学旅行教育的目的。下面将从红色旅游的研学文化、研学载体、研学形式分析红色旅游的研学内涵。

（一）红色旅游的研学文化

红色旅游文化内涵丰富，既包括中华民族优秀的传统文化和抵御外族侵略、争取民族独立的革命文化，又包括反映了中国共产党领导全国各族人民推翻反动政权、夺取全国胜利、建立中华人民共和国、实现民族独立解放艰苦卓绝的奋斗文化。同时，还包括中国共产党领导全国各族人民确立社会主义制度，在“一穷二白”基础上自力更生、艰苦奋斗，进行社会主义革命和改造的建设文化，以及党在新的历史时期，实行改革开放，不断探索和发展中国特色社会主义的创新文化。

中华民族优秀的传统文化，是中华民族的生存根本和精神家园。一个民族的传统文化是这个民族不同于其他民族的根本区别，继承优秀传统文化，就是继承这个民族的根，背离了传统文化也就失去了一个民族屹立于世界民族之林的基础。通过红色旅游载体开展研学旅行是继承和发扬中华民族优秀文化的重要途径，是传承下去、继承过来的重要举措，这也是中小学校开展红色研学旅行的根本目的。

1921年，中国共产党的诞生标志着一个时代的开始，中华民族在共产党的领导下开始了推翻“三座大山”的艰苦卓绝的奋斗历程。一代代共产党人用鲜血铸就的英雄史篇足以撼山岳、泣鬼神。从南湖的红船到井冈山的炮声，从苏维埃的红旗到二万五千里长征，从延安窑洞的灯火到西柏坡的“两个务必”，中国共产党人为民族解放、为争取国家独立，抛头颅、洒热血，前仆后继，为我们的国家留下了英雄史篇般的革命文化。在红色旅游景区仍然能够看到硝烟未散的战场，仍然能够感受到革命先辈“先天下之忧而忧，后天下之乐而乐”慷慨悲歌的英雄壮举。这些革命文化凝聚了共产党人奋斗的历史足迹，是中小学校开展研学旅行教育的重要内容。

新中国成立后，中国共产党领导全国人民把一个“一穷二白”的国家建设成了世界第二大经济体。这期间，从土地改革到“两弹一星”，从“三中全会”到党的十八大，凝聚了众多时代文化，有让世界赞叹不已的中国精神，更有让世界折服的中国文化。中小学生在研学旅行活动中能够亲身感受这些文化，对于他们世界观的形成，培养其社会责任感和实践能力，都有着不可替代的作用。

（二）红色旅游的研学载体

红色旅游载体存量庞大、数量众多、分类较细，承载的内容丰富、针对性强、政治指向性明显，对旅游者的教育作用各有侧重。对于中小学生来说，要依据旅游载体承载的内容有目的地选择研学场所，能够提高研学的质量。具体来说，红色旅游载体可分为：

一是“旧址”类载体，如韶山毛泽东同志故居、西柏坡中共中央旧址

（图 7–5）等；

二是“遗址”类载体，如平型关战役遗址、南京大屠杀遗址等；

三是“祭奠”类载体，如天安门广场人民英雄纪念碑、狼牙山五壮士纪念碑等；

四是“遗产”类载体，包括自然遗产和人文遗产，如万里长城、自然风景区等；

五是“博物馆”类载体，如中国人民革命军事博物馆等。

图 7–5　西柏坡中共中央旧址

这些载体承载了大量的历史印记，警示人们不能忘记历史。这些承载着中华民族历史的纪念地、标志物，是开展研学旅行活动的鲜活教材。

（三）红色旅游的研学形式

红色旅游的研学形式是指教育内容与教育形式在研学活动中的表现方式，分为游览观光形式、参与体验形式、研学教育形式和学习研讨形式。

游览观光形式是指组织中小学生以游览和观光的形式到红色旅游景区开展研学活动。这种形式是研学旅行中的一项基本活动内容，是通过“游”达到“学”的目的。红色旅游具有明显的学习性特点，组织中小学生到红色旅游区开展研学旅行是对其进行历史教育的最佳途径，能实现在课堂教学中无法达到的学习目标。

参与体验形式是指组织中小学生开展体验式的研学旅行。它能够让学生在旅行中亲身参与、亲自动手，使每一次研学都有新的收获。与游览观光相比，体验式旅行注重的是学生对研学产品的感受过程，从某种程度上更强调心理感知和理解。红色旅游景区无论是自然风光还是历史人文景点，总会以其蕴藏的自然知识或文化底蕴、悠久的历史传统、高超的建筑技艺、优良的革命精神等令学习者耳目一新，学习自然而然地就融入旅行的全过程当中。

研学教育形式是指在研学旅行中重点在“研”，通过旅行的方式达到学习的目的。对研学活动进行课程化设计，是开展研学旅行的关键环节。从教育方来说，把研学旅行列入教学内容进行学分考核，是中小学教育改革的内容之一；从红色旅游景区来说，建设以红色景区为基地的研学旅行目的地是拓展红色旅游产品，发挥红色旅游育人作用的重要抓手。以研学教育的形式开展红色旅游，在游览过程中，把传授知识和价值观教育结合起来，通过导游或老师讲解当时的革命历史和英雄事迹，能够让知识变得更加生动有趣，易于让学生接受，利于优秀传统文化的传承和革命文化的弘扬。

学习研讨形式也是红色旅游研学中重要的一种形式。近代以来，特别是中国共产党在长期的革命斗争和波澜壮阔的奋斗历程中，留存了大量的革命文物，形成了许多催人奋进、感人至深的革命精神。组织开展研学旅行，让学生走进农村、走向社会，深入到实践中，进行调查学习，深刻挖掘相关的革命事迹和史料，开展学习交流和知识探讨，总结学习理论，记录学习感悟，有利于提高学生的思想觉悟、实践能力和创新能力。因此，中小学生到红色旅游景区通过学习探讨增长知识是研学旅行的一种重要形式。

二、红色旅游开发原则

（一）突出主题原则

红色旅游资源的开发，应努力挖掘红色旅游区和旅游遗产的品质，拓展红色旅游资源的历史文化内涵。要突出开发的主题，充分发挥“红色”的感染力和影响力去开拓市场，使红色旅游不断壮大，形成品牌、规模优势。

（二）把握重点原则

红色旅游要把资源相对集中、项目规模较大、市场影响力较强和潜力丰富的景区放在规划的首位，鼓励这些景区优先发展。此外，制定适当的政策、措施，重点扶持一批红色旅游景区和实力较为雄厚的旅行社。

（三）因地制宜原则

红色旅游资源的开发与其他旅游资源的开发一样，亦应因地制宜，在发展过程中应坚持量体裁衣的原则。红色旅游景区在开发红色旅游资源时，应结合地区和景区实际情况，旅游设施建设应进行合理的空间布局，坚持与旅游需求结构相适应。

（四）经济效益、社会效益和环境效益相统一原则

红色旅游的发展，有利于带动革命老区社会和经济协调可持续发展，可以帮助当地把历史、文化及资源优势转化为经济优势，促进经济结构调整，带动城乡建设、商贸服务、交通通信等相关行业的发展，提高就业率，增加经济收入，培育具有鲜明特色的新产业。红色旅游的发展，还有利于当地环境保护，促进生态建设。

三、红色研学现状及线路规划

（一）现状分析

1.体验实践度不高

研学实践课程必须把研究性学习与旅行体验相结合，强调知行合一，

突出体验和实践。从当前红色研学课程实施的效果来看，走马观花式的参观和浅层次的体验项目较多，引起学生共鸣的亲身体验和让学生产生浓厚兴趣的动手实践项目较少。

2. 内容设计偏离红色

旅游企业开发的红色研学课程（或者称之为“红色旅游产品”），往往倾向于旅游线路串联，很难真正实现红色研学教育的目标。有些研学机构开发的红色研学课程，教育课程意味较强，很多结合当地特色文化开设陶艺、中国结等手工类非遗项目课程，与红色研学主题并无太大关系。

3. 活动内容雷同较多

在设计红色研学课程时，必须吃透当地所拥有的红色资源，根据其本身的红色特质去设计活动任务。长征精神、井冈山精神、延安精神等各有其内涵，学习的方式和设置的任务自然要有所区别，不能把这些精神一股脑儿地设计成内容雷同的拓展训练项目。

（二）线路规划

1. 行程串联型红色研学线路

按研学路程便利度形成的红色研学线路，即行程串联型红色研学线路。在开展这种研学线路时，要根据特定地域选择知名度高的基地，这样易于被学生家长和学校认可。同时，这种相对成熟的线路便于落地实施，协调对接已有方案。如开展红旗渠景区—殷墟—中国文字博物馆—岳飞庙—汤阴羑里城研学线路。

2. 主题聚焦型红色研学线路

聚焦同一红色研学主题，按主题内在逻辑顺序形成研学线路，即主题聚焦型红色研学线路。在开展这种研学线路时，要精心挑选教育价值高且具有辨识度的红色研学主题，综合考虑研学主题相关的特色资源，提升活动效益。如开展焦裕禄精神、红旗渠精神、愚公移山精神、大别山精神主题研学。

3. 中心辐射型红色研学线路

以研学营地为中心，辐射带动周边红色研学基地形成红色研学线路，即中心辐射型红色研学线路。这种线路便于组织、安全可靠，利于常态化开展，可以有效降低研学成本，但要综合平衡安排营地现有课程和研学实践课程以及多个研学组织之间的关系。如开展1个研学营地（大别山营地）+7个研学红色基地（信阳市鄂豫皖革命纪念馆、新县鄂豫皖苏区首府革命博物馆、新县鄂豫皖苏区首府烈士陵园、新县首府路和航空路革命旧址群、新县许世友将军故里、新县郑维山将军故里、罗山县何家冲红色旅游区）线路。

四、研学旅行对于中小学生传承红色文化的价值

（一）研学旅行契合红色文化价值，为中小学生传承红色文化提供重要保障

红色文化集中反映了中国共产党的领导思想、执政思想，囊括了党的建设、发展以及政治理论，是红色文化价值的核心，统领红色文化价值的其他层面。从教育层面看，红色文化中蕴含的红色精神是道德与法治、思想政治课程的重要教育素材，是保证我国教育鲜红底色的根基，是立德树人的重要抓手。研学旅行作为校内外教育相结合的一种新形态，与红色文化有机结合，为中小学生传承红色文化提供重要保障。

（二）研学旅行聚焦实践能力提升，为中小学生传承红色文化提供明确抓手

红色主题是研学旅行中必不可少的实践领域，红色现场组成了研学旅行中不可或缺的实践情境。红色主题、红色场景均来源于红色文化，并且红色文化与其他相关的文化既广泛联系又相对独立。对于红色主题、红色场景在研学旅行中的具体应用，要把握好红色文化的广泛联系性和相对独

立性，灵活、精准地将研学旅行与红色文化相连接，激活红色文化的强大生命力，凸显研学旅行的红色底蕴。研学旅行是实践导向型的教育形态，重在实践，重在过程与体验。将红色文化融入实践，可以为中小学生传承红色文化提供明确抓手。

（三）研学旅行培育学生核心素养，为中小学生传承红色文化提供坚实基础

我国教育改革已经步入素养培育的阶段，国内教育界提出的“中国学生发展核心素养体系”正在得到逐步落实。研学旅行为学生提供了真实的学习情境，将实际问题摆在学生面前，目的在于让学生面对真实问题时通过自己的独立思考和团队协作，利用多种手段解决问题。在此过程中，学生的必备品格和关键能力得到锻炼，从而达到培育素养的目的。研学旅行有助于培育学生坚韧不拔、自强不息、勇往直前等品格，与核心素养中的必备品格联系紧密，与红色文化中的宝贵精神（如“长征精神”“西柏坡精神”等）相互呼应。由此可见，可以巧借研学旅行的形式，达到传承红色文化的目的。因而，聚焦学生素养培育的研学旅行，以素养为坚实基础，为中小学生传承红色文化提供了新路径。

（四）研学旅行注重融合创新意识，为中小学生传承红色文化提供崭新平台

创新意识引领发展，教育更是如此。创新，既有内容上的创新，也有形式上的创新。研学旅行作为中小学教育的新形态，无论在内容上还是形式上都有很大的创新空间。从内容上来讲，研学的范围广泛、主题多样，与自然环境、个人生活、社会群体可以很好地对接；从形式上来讲，研学的时间自由灵活，研学的类型丰富多样。因此，研学旅行是一个承载量巨大的平台，是兼具开放性、兼容性、创新性特点的崭新平台。红色文化所包括的红色人物、红色故事、红色精神，能够以全新的形态有效接入研学旅行平台，这一方面增加了研学旅行的创新性，另一方面也通过研学旅行

平台达到了传承红色文化的目的。

五、陕甘宁红色研学旅行

（一）陕北红色旅游发展现状

以延安为龙头的陕北红色旅游发展迅猛，红色旅游已成为延安的一张城市名片。陕北红色旅游资源极其丰富，这里曾经是中共中央所在地，是中国人民抗日战争和解放战争的总后方，留下了一大批红色旅游资源。其中延安有宝塔山、延安革命纪念馆、杨家岭革命旧址、王家坪革命旧址、枣园革命旧址、凤凰山麓革命旧址、白求恩国际和平医院旧址、史沫特莱旧居、“四八”烈士陵园、瓦窑堡会议旧址、胜利山毛泽东指挥站、宗湾子周恩来旧居、洛川会议纪念馆、刘志丹烈士陵园、中国人民抗日红军大学旧址等。榆林有青阳岔革命旧址、小河革命旧址、陕北特委第三次会议旧址、定边县革命烈士陵园、杨家沟革命旧址（纪念馆）、沙家店战役遗址等。其中列为国家重点保护的革命旧址有12个，省级保护的有10个。

在30条全国红色旅游精品线路中，陕北有一条：西安—洛川—延安—子长—榆林—绥德线。

（二）甘肃红色旅游发展现状

甘肃不仅是中国工农红军二万五千里长征胜利的结束地，也是中国西部最早的红色革命政权的诞生地，还是红军西路军悲壮历史的见证地。甘肃有众多宝贵的红色旅游资源，其中有迭部天险腊子口战役遗址、宕昌哈达铺会议遗址、华池南梁陕甘边区苏维埃政府遗址、岷县三十里铺岷州会议遗址、迭部俄界会议旧址、通渭县榜罗镇会议旧址、静宁界石铺红军长征纪念馆、环县山城堡战役旧址、靖远虎豹口渡口红军强渡黄河遗址、安西红西路军最后一战纪念塔等。

目前，甘肃已初步形成以会宁为主体的红军长征胜利会师旅游线，以庆阳为核心的革命老区旅游线和以高台战役遗址为主的红军西路军历史纪念旅游线等三条以红色旅游为主题的线路。

（三）宁夏红色旅游发展现状

宁夏拥有众多的革命文物和遗址。六盘山、同心县、盐池县均包含在国家确定的100个红色经典景区之内。六盘山红色景区主要由西吉将台堡红军长征会师纪念碑、单家集红军长征遗址、泾源县老龙潭革命烈士纪念亭、毛主席率中央红军翻越的六盘山高峰等纪念地组成。景区范围内自然生态环境良好，人文景观和历史文化遗迹众多，游客参与性强。同心县是中国工农红军西征的主要纪念地，景区主要由同心城、清真大寺、豫旺红军西征总指挥部旧址组成。整个景区范围内既有主题园区，又有众多保存完好的革命纪念地旧址，形象丰满，内涵广泛。盐池县红色景区由革命烈士纪念馆（主题馆）和边区红色政权纪念馆、边区经济纪念馆、三五九旅解放盐池纪念馆、边区大礼堂、回汉民族团结村等5个专题馆及革命烈士纪念碑等建筑组成。

（四）红色研学课程设计注意事项

出于方便研学实施的考虑，可以把红色研学资源分为红色精神、红色场馆、红色纪念地和红色人物四个类型进行设计。设计过程中，特别要遵循意识形态原则、因材施教原则和体验实践原则。

在开展红色精神类研学课程时，首先要精选适合开展研学的特色红色资源；其次要密切注意意识形态，确保学习的红色精神有官方出处；再次要吃透红色精神内涵，进行准确解读；最后要根据红色精神特质，巧妙设置丰富多样的体验实践活动任务。

红色场馆类研学课程很容易上成“眼睛课”“耳朵课”“放羊课”，研学导师要在红色场馆研学中充分使用三大教学法，即情境营造法、问题探究法、项目学习法。

红色纪念地基本上是因在一定区域和时限内，发生重大革命事件或建立根据地而产生，大都以纪念英雄群体为主。因此，在设计红色纪念地研学课程时，首要任务是抓住核心点，围绕纪念的主要内容设置活动任务，否则容易偏题或杂乱无章。

设计红色人物类研学课程时，应充分利用与红色人物相关的纪念馆、故居、事迹发生地、事件亲历人、英雄遗物等各种红色资源，把红色人物的事迹、精神等转化为可供学生体验实践的活动任务。

第三节　“一带一路”研学旅行线路设计

一、丝路研学旅行线路设计目的与原则

（一）设计目的

2013年9月和10月，中国国家主席习近平在出访中亚和东南亚国家期间，先后提出共建“丝绸之路经济带”和“21世纪海上丝绸之路”的重大倡议，得到国际社会高度重视和赞扬。2015年10月17日，中国30余个“一带一路”沿线城市在古都开封联合组建“一带一路”城市旅游联盟，该联盟旨在旅游发展、节庆活动、旅游品牌培育、旅游市场开发、旅游客源互送、媒体宣传和国际交流等方面开展合作，共同谱写丝路华章。为了融入全方位推动“一带一路”沿线城市经济社会发展和文化旅游交流的大趋势，这里选择“一带一路”作为研学旅行线路设计的主题。同时以中小学生为主要对象，以千年尺度的黄河河流地质作用及其对河套地区地理格局和人文经济面貌的塑造为主要内容，培养学生的地质思维与探索能力，最终达到以地理学科为主，政治、经济、文化、历史等多学科交叉的研学目的。

（二）设计原则

丝路研学旅行线路设计要秉持“安全第一、因地制宜、躬行实践、寓教于乐”的十六字原则，发扬“读万卷书，行万里路”的教育理念和人文精神，提升中小学生的自理能力、创新精神和实践能力，真正做到中小学生研学旅行与校内授课的有机融合。

“安全第一”就是要充分考虑到不同地理环境下可能存在的特殊安全隐患，同时考虑到中小学生集体出行过程中可能出现的安全问题，做好预防与应急措施。

“因地制宜”就是要充分发挥研学旅行目的地的自然地理条件优势和人文经济条件优势，寻找在特殊地质地貌区野外教学的独特优势，同时扬长避短，精简教学项目，将不必要在野外完成的步骤留在室内课堂，尽可能地让学生多花时间投入到研学旅行之中。

“躬行实践”即做到知行合一，学生在自然中探索、在社会中实践、在活动中学习，在运用所学知识的同时获得了知识课堂所缺失的真实情境体验，升华所学学科知识内容，进而达到对课堂知识的反思、巩固、运用与超越。

“寓教于乐”即回归生活，提高学习情境的真实性和趣味性，在真实的自然情境中开设课程，注重在生活中教育，在自然中教育，在游戏中教育，教育教学要紧扣生活中的趣味点和新奇点。

二、丝路研学旅行发展中的问题——以敦煌为例

（一）丝路研学旅行开发观念模糊

研学旅行在国外发展比较早且发展相对比较成熟，已被纳入教育和学校教学体系当中。在我国，研学旅行发展比较缓慢，处于起步阶段，许多关于研学旅行的理论研究还不是很成熟。鉴于研学旅行发展的不成熟性，

许多研学旅行的相关概念暂时还没有一致定义，在研学旅行的诸多方面也都缺乏标准。丝路研学旅行也存在概念模糊和缺少参考标准的问题，这种情况下的丝路研学旅行很难产生预期的研学效果。部分旅游企业只考虑到经济利益，在没有充分了解“研学旅行”和“丝路研学旅行”相关知识的情况下，就盲目地开发丝路研学旅行产品，败坏了丝路研学旅行的名声，且减少了经济收入，这就需要敦煌旅游界加强对“研学旅行”和“丝路研学旅行”的认识和理解，在追求经济利益的同时要考虑到自己的社会责任。

（二）丝路研学旅行产品开发不完善

目前，敦煌有丰富的旅游资源和旅游产品，为丝路研学旅行产品的开发奠定了扎实的基础。由于丝路研学旅行产品开发不完善，致使丝路研学旅行项目和产品缺乏专业的设计，多数研学旅行产品都只是在常规旅游产品的基础上，稍微作出调整，添加少量丝路研学元素；更有甚者，打着研学的幌子，推荐自费项目，欺骗消费者，赚取不正当利益，严重违背了研学旅行的初衷。虽然敦煌拥有丰富的旅游资源，但丝路研学旅行产品应是具有教育和研究意义的典型资源，所以并不是所有的旅游资源都适合被开发成为丝路研学旅行产品。因此，要明确丝路研学旅行产品的特性，因地制宜、适度开发，使丝路研学旅行资源最大限度地体现自己的“研学”特色。

（三）丝路研学旅行活动存在安全隐患

近年来，国家出台了一系列研学旅行活动安全保障方面的措施，敦煌旅游发展相对成熟，旅游交通便利，旅游设施设备完善。但随着丝路研学旅行活动的开展，出现了一系列诸如交通安全、食品安全、消费欺诈等问题。由于研学旅行服务的对象大部分是学生，具有特殊性，因此安全方面要做得更细致、更全面。敦煌研学旅行应当完善安全保障机制和建立相应的应急机制，打造安全的出游环境，从而规避丝路研学旅行活动过程中的风险。

（四）丝路研学旅行专业人才匮乏

由国家旅游局发布的《研学旅行服务规范》中指出：应至少为每个研学旅行团队配置一名研学导师，研学导师负责制定研学旅行教育工作计划，在带队老师、导游员等工作人员的配合下提供研学旅行教育服务。由于研学旅行日益趋向规范化，学校对研学旅行提出了更高的服务要求与服务标准，为了实现这样的标准，就需要有专业的研学导师队伍。现阶段敦煌很难提供专业的研学导师，且大多数导师都是传统旅游行业所说的导游。针对丝路研学旅行专业人才匮乏的现状，就需要敦煌和高校、专业机构合作，加强对研学导师的培养，从而解决人才匮乏的问题，实现丝路研学旅行的标准化。

（五）丝路研学旅行费用高

2014年8月发布的《国务院关于促进旅游业改革发展的若干意见》中第一次明确了要把“研学旅行”纳入中小学生日常德育、美育、体育教育范畴，文件中提出鼓励对研学旅行给予价格优惠。目前，敦煌的一些机构开发的丝路研学项目费用高昂，以莫高窟为核心的丝路研学旅行项目，其费用高达一万多。即使研学旅行的价值巨大，但其高昂的费用也会让很多家庭望而却步。所以，丝路研学旅行开发的过程中，用合理、科学的价格销售丝路研学旅行产品，才能更好地实现研学旅行的经济和社会效益，否则其市场是很狭隘的，不利于丝路研学旅行项目的进一步开展。

第八章　研学旅行线路设计发展趋势

【本章概要】

随着研学旅行被纳入中小学必修实践活动课程中，我国多个地区掀起了研学旅行的热潮，中小学校和学生家长对研学旅行的重视程度逐渐提升，研学旅行逐渐成为刚需，成为旅游市场的新蓝海，研学旅行正面临着巨大的机遇和挑战。因此，本章首先对研学旅行的国内发展背景进行初步分析，再通过互联网和人工智能等新兴技术的相关知识来分析和论证研学旅行的新技术适用性，探讨研学旅行线路设计的发展趋势，最后探讨研学旅行线路设计的演进转型。

第一节　研学旅行国内发展背景

汉代桓宽在《盐铁论》中曾言："多见者博，多闻者知。"以游览名山大川来培养性情、陶冶情操，在实践中增长见识，受到我国古代文人的推崇。

相较于国外，国内对研学旅行的研究起步较晚，但是"研学旅行"的概念却是有史可循。两千多年前的春秋战国时期，就已经出现"游学"概念，这是我国最早的研学旅行。晚清时期掀起的留洋求学之风，使得国人的“游学”范围由国内扩展至海外，后受到日本“修学旅行团”的影响，“研学”的概念逐渐被引入并最终被确定为官方名词。我国现代意义的研学旅行始于1933年，汪达之先生组织7名学生成立“新安儿童旅行团”，在华东一边游学一边宣扬爱国主义，至1949年前后团员达600余人，走遍大半个中国进行爱国宣传、劳军支前等活动，为抗日战争和解放战争取得胜利作出重要贡献。

2013年2月2日，国务院办公厅印发《国民旅游休闲纲要（2013—2020年）》，提出“逐步推行中小学生研学旅行”，“研学旅行”一词正式走入国内学者的研究视野，成为旅游业和教育业发展的新方向和新路径。2014年4月19日，教育部基础教育司一司司长王定华发表了题为《我国基础教育新形势与蒲公英行动计划》的主题演讲，首次提出了研学旅行的定义：研究性学习和旅行体验相结合，是学生集体参加的有组织、有计划、有目的的校外参观体验实践活动。2014年8月21日，国务院办公厅印发《关于促进旅游业改革发展的若干意见》，首次明确提出研学旅行要纳入中小学生日常德育、美育、体育教育范畴。2016年，教育部等11部门联合印发《关于推进中小学生研学旅行的意见》，进一步推动了研学旅行的快速发展，吸引了大量学者的关注和研究。2019年6月23日，《中共中央 国务院关于深化教育教学改革全面提高义务教育质量的意见》发布，要求坚持立德树人，着力培养担当民族复兴大任的时代新人，构建德智体美劳全面培养的教育体系；坚持“五育”并举，全面发展素质教育。

随着国家提出文旅融合和全域旅游发展战略，研学旅行的发展趋势也被赋予了新的时代使命和责任。2016年发布的《中国学生发展核心素养》，旨在明确培养学生应具备的、能够适应终身发展和社会发展的必备品格和关键能力，文化基础是培养学生发展核心素养不可或缺的一部分，而研学旅行则是培养学生发展核心素养的重要途径。文化是旅游的灵魂，旅游是文化的载体，这是文旅融合的核心概念。步入全域旅游的发展时代，文化和旅游的融合给人们提供了拓宽视野、提升自我的机会，这两者相辅相成、不可分割。

1. 文旅融合

（1）文旅融合的概念

文旅融合是指文化、旅游产业及相关要素之间相互渗透、交叉汇合重组，逐步突破原有的产业边界或要素领域，彼此交融而形成新的共生体的现象与过程。

（2）文旅融合的支持政策

如今，旅游作为我国重要的朝阳产业，其发展的广度和深度都处于不断拓展阶段。2018年，我国设立中华人民共和国文化和旅游部。2021年3月，《中华人民共和国国民经济和社会发展第十四个五年规划和2035年远景目标纲要》（简称《“十四五”规划纲要》）发布，第三十六章“健全现代文化产业体系”的第二节明确提出，推动文化和旅游融合发展，坚持以文塑旅、以旅彰文，打造独具魅力的中华文化旅游体验。深入发展大众旅游、智慧旅游，创新旅游产品体系，改善旅游消费体验。加强区域旅游品牌和服务整合，建设一批富有文化底蕴的世界级旅游景区和度假区，打造一批文化特色鲜明的国家级旅游休闲城市和街区。《“十四五”规划纲要》从国家层面指出了文化旅游已经成为旅游业未来的重要趋势，文化和旅游的融合不仅契合了国家文化发展大计，而且有助于推动国家旅游市场改革发展。而兼具教育和旅游双重功能的研学旅行正逐渐成为旅游业的新业态。研学旅行是一种“校外教育+旅游活动”，由教育部门和学校有计划地组织安排，通过集体旅行、集中食宿方式开展，将研究性学习和旅行体验相结合，是文化旅游融合的一种新业态、新模式，是文旅部门和教育部门深度合作、紧密合作与长期合作的典型形式。

2. 全域旅游

（1）全域旅游的概念

全域旅游的概念在第七章已有叙述，这里不再赘述。需要指出的是，全域旅游需要突破景区局限，要求全社会参与，在一个行政区内形成区域内的整体发展观念，打造全域一体的旅游品牌，让环境保护、区域建设、餐饮服务、交通运输等各方面都服务于旅游发展大局。

（2）全域旅游发展的支持政策

2009年12月1日，《国务院关于加快发展旅游业的意见》发布，其中提出“把旅游业培育成国民经济的战略性支柱产业和人民群众更加满意的现代服务业”。2018年3月9日，国务院办公厅印发《关于促进全域旅游发展的指导意见》，全面优化旅游发展环境，加快推动旅游业转型升级、提质增效，对全域旅游发展的新路子作出部署。在全域旅游发展战略的指导下，“旅游+”成为产业融合的重要组成部分，研学旅行便是“旅游+教育”业态下的重要产物。

3.科技+研学旅行

2018年4月13日，教育部印发的《教育信息化2.0行动计划》中提到人工智能、大数据、区块链等技术迅猛发展，将深刻改变人才需求和教育形态。智能环境不仅改变了教与学的方式，而且已经开始深入影响到教育的理念、文化和生态。

如今，新兴技术的涌现和互联网技术的发展，使得高清4K、8K等高像素图像传输成为现实，极大地拓展了AR、VR等视听技术的应用空间和场景。更多的先进技术和平台如雨后春笋般涌现，给研学旅行提供了进一步的支持。互联网、移动终端和电子设备的连接，为研学旅行的开展提供了更为有效、安全和便捷的载体，可以将研学地点更为“真实”地呈现出来，给人们一种穿越时空、身临其境的体验感。通过互联网，可以连接全国各地的优质研学资源，如科技馆、纪念馆、博物馆和革命遗址等，人们可以不受时空的限制随时随地进行参观。

第二节　科技发展赋能研学旅行

科学技术的飞速发展给研学旅行带来了前所未有的机遇和挑战。多媒体技术、“互联网+”、云计算、大数据、AI、VR、AR等新兴技术在研学旅行领域的应用，不仅会拓宽教学的空间，同时也为教育活动提供了许多新的思路和方法。2020年7月，国家发展改革委等13部门联合发布《关于支持新业态新模式健康发展激活消费市场劳动扩大就业的意见》，明确指出构建线上线下教育常态化融合发展机制，形成良性互动格局。在此背景下，各种新技术支持的线上线下混合式研学旅行成为我国中小学研学旅行新的发展方向。在创新科技的支持和保障下，研学旅行不仅可以实现线上和线下、虚拟和真实、同步和异步之间的融合，同时还能在技术的层面上推动线上线下混合式研学旅行模式的不断深化发展和创新。技术赋能下的线上线下混合式研学旅行模式将实现线上线下全场景融通，用研学旅行过程中产生的大量数据来对学生的学习情况进行精确的分析判断，并对教学管理方式进行及时的改进，用线上线下混合教学中信息的相互传递来进行知识与语义网络空间的构建，用面向所有个体和所有场景的教学服务来支撑研学旅行的全过程，以达到研学旅行学习中虚拟与现实的相互交织、无界共享和无缝融合。

一、科技发展实现研学旅行的数据流通

研学旅行中的数据流通指的是研学旅行准备、开展、评价等过程中所有线上线下场景中产生的信息大数据的相互流通和挖掘管理。例如：利用数据挖掘工具和机器学习算法来挖掘研学旅行过程中学生产生的海量、异构、高维、不完全和半结构化的生理、心理和行为数据，比如学生的眼动频率、脑电波、学习时长等数据，并利用数据分析工具对其进行分析和判断。在判断结果的基础上，就可以有针对性地为学生提供精准的、个性化的教学活动设计和管理措施。

二、科技发展支持研学旅行的信息联通

研学旅行中的信息联通指的是学习资源、学生与环境互动的数据等信息在线上和线下的场景中、虚拟和现实的空间之间的交流共享。

通过将5G、VR、AR、全息影像等多种信息技术手段融合在一起，可以构建起统一的、标准的、可视化的研学旅行智能信息生态系统，促使各种信息的物质特性和关系特性逐步融合，推动现实物理空间与虚拟空间之间的信息知识空间和信息语义空间的交叉融合。在虚拟和现实结合的学习环境中，同构与异构、静态与动态的信息是共存的，以高新技术支持的信息联通可以为线上线下混合式研学旅行提供及时、有效的知识服务与活动支持。

三、科技发展保障研学旅行的服务贯通

研学旅行中的服务贯通指的是为了确保在研学旅行中面向教师、学生和教学活动的数据流通和信息联通得以实现，需要使用一系列的技术、资源、工具、技术评估方法和管理方法等，以上这些手段是否容易获得以及相互之间的适配程度，就决定了研学旅行中的线上线下教学服务是否能连贯融通。

科技的发展减轻甚至替代了教学中教师的部分职能，利用多元化的智能设备活动工具，如智能导师系统等，可以代替老师对学生的问题进行及时、全面应答，还可以对研学旅行任务的完成度进行评价和打分等。可以说，科技的发展完全颠覆了现有研学旅行中的低效的、重复的数据流通和信息联通方式，改变了研学旅行整体的服务模式。通过对学生数据的追踪、收集与分析，教师也可以更精准地进行教学评估和学生管理。

利用智能技术的手段可以对研学过程中所接触的历史文化的知识体系、学生的学习过程以及研学旅行活动的过程进行数据建模，这些模型数据可以进一步促进知识与信息的流通。以科技发展保障研学旅行中的服务贯通，可以确保线上线下混合式研学旅行教学中获取信息和数据的及时、有效和精准，使教学活动可以随着人和环境的变化而动态调整。

四、科技发展创建研学旅行的场景融通

研学旅行中的场景融通指的是研学旅行过程中的所有教学和学习的场景及其要素之间的互相融合渗透，这些场景不仅是虚拟空间和物理空间、线上空间和线下空间之间的相互融通，还是教师、学生、教学组织方式、学习信息结构等要素之间的互相融合。

高新技术在研学旅行中的大规模使用势必会带来研学旅行的变革，推动教学模式向着线上线下融合的方向发展，并将改变教学的系统结构，线上线下的协同策略和评价机制也会随着技术的改变而发生改变。总的来说，科技飞速发展下的研学旅行通过数据的无障碍流通、信息的无时差联通和服务的无缝隙贯通，共同推动了线上线下混合式研学旅行全场景生态闭环的形成。

第三节　研学旅行线路设计的演进转型

随着科技手段的不断发展，技术与教育的结合日益广泛。如今，在开展研学旅行实践活动的过程中充分发挥新兴技术的优势，将静态的历史资料、文物、景观、纪念图册以及研学旅行教学的知识点等内容，通过动画、视频、特效制作等转变成动态的形式，将远在千里之外的场景真实地还原出来，增强参与者的沉浸式感受，培养参与者的学习兴趣和综合素养，解决个别地区的研学物质文化资源有限、研学旅行活动难以跨地区开展、研学旅行课程形式单一等问题，提高研学旅行的教育教学质量和效率，已经成为研学旅行演进转型的大趋势。

一、在线研学活动

（一）建设研学旅行平台

基于互联网技术的在线研学活动，研学旅行参与者通过访问相关网站或者通过手机APP等进入相关研学旅行系统进行研学活动。这类研学旅行平台系统主要有线上虚拟旅行和在线虚拟社区等形式：

线上虚拟旅行主要是基于3D建模和虚拟仿真技术来打造教育场景，具有较强的现场感，通过网络空间学习让学习者感受到研学旅行的氛围，并通过小型故事模拟、真实场景还原等形式，增强研学的可行性和趣味性。未来还可以通过大型历史游戏场景来推动线上虚拟旅行的发展（类似于网络游戏），让研学旅行参与者可以进行角色扮演，参与到真实的历史故事中，身临其境地感受历史文化的魅力。

在线虚拟社区主要是利用计算机网络和移动电话等技术将学生们连接起来，他们之间都有相同的学习兴趣、学习目标，可以像对待朋友一样在虚拟的社区里交流和分享知识信息。其既可以针对其中一个成员，也可以面向社区中的所有成员发起私密的或公开的会话。通过分享、讨论等形式相互促进学习、加深思考，建立比较稳定的学习关系和学习氛围，拓宽学生学习的时间维度和空间维度，培养学生良好的学习习惯。

（二）建设完备的研学旅行数字资源

线上研学旅行的开展离不开在线学习资源的建设，即能够培养学生的文化素养、爱国主义情怀、民族自豪感和能让学生拓宽视野、增长见识的学习资源。这需要通过教育类网络平台的搭建、资源库的建设和各类端口的接入等实现学习资源的共建共享，让全国各地的教师和学生都能够通过数字资源平台来进行研学旅行活动。首先，由于教育资源的地域局限性和各地经济、教育水平发展的不平衡性，目前研学旅行的学习资源不仅在数量上绝对匮乏，同时在地域上呈现出相对匮乏的情况，因此需要加快构建研学旅行一体化的学习资源，促进各地研学旅行教育的一体化发展。其次，由于数字化学习资源具有更新快、创新性强等突出特点，无论是在硬件的更新还是软件的维护方面，都需要投入大量的人力和资金，单凭某个企业或者某个学校无法完成全国范围内的一体化数字资源建设。因此，要发挥政府的统筹与规划作用，组织和引导企业和学校共同打造可兼容的硬件资源和可共享的软件资源，以缓解学校资源开发的压力、降低资源更新的成本、消除研学旅行教育资源的不均衡。

科学技术的创新发展与应用是支撑研学旅行一体化数字资源建设的主要手段，要让科技助力研学旅行资源建设，不断扩大信息化教育的优势，体现出教育教学的基本原则。

第一，利用自主性、互动性强的新兴技术建设一体化学习资源，充分体现以学生为中心的学习原则。

现代教育理念强调发挥学生的学习中心地位，促进学生学习的自主性，培养学生独立学习、独立思考、独立解决问题的思维能力，而现代教育技术的发展可以更好地推动学生的自主学习，培养学生独立解决问题的能力。

研学旅行数字资源平台的建设为学生提供了更为优质和海量的学习资源，降低了学生自主学习的成本。学生只需通过移动设备登录学习平台，就可以获取到经过严格筛选的、符合社会主流价值观的学习资源。这些学习资源类型多样，有影片、动画、漫画、游戏等多种形式，且互动性强，学生可以在观看的同时自行与电影中的人物展开对话，自行设定故事的发展和结局，还能够同其他地方的学生共同观看电影并一起讨论交流。虚拟现实、增强现实、混合现实等技术能有效地提供交互功能。例如，虚拟现实技术模拟出来的都是现实生活中的信息的不同组合，通过信息的传输技术让人们通过具体的设备感知到这些由真实的信息组合起来的虚拟的世界，由于在这个虚拟世界中的东西是一些看得到摸不到的物质，这就要求研学过程中要充分发挥技术的优势，强化交互特性，让研学参与者在有限的空间、时间内尽可能地获得更高频率的交互。

研学旅行数字资源包的开发可以为学生提供更具趣味性和系统化的学习资源，资源包是一系列相关资源的集合，利用资源包进行学习可以将一个知识点充分地展开，了解与其相关的更多知识，重建学生的认知体系，让获取的知识在心中留下更深刻的印象。

第二，利用开放性、包容性强的新兴技术建设一体化的学习资源，充分体现共建共享的资源建设理念。

利用新兴技术开发的研学平台及其资源，其主要应用对象是基础教育阶段的师生，旨在帮助学生深刻领悟研学过程中的精神内涵，了解研学地的历史，增长见闻，提高综合能力。这就要求在开发研学旅行学习资源过程中要降低技术使用的复杂性，提升技术的可操作性，让研学旅行参与者较为便捷地使用这些资源。同时，目前研学旅行相关学习资源都非常分散，由多个市场主体各自开发，一旦购买和使用了一家的设备，无论之后商家如何提高产品价格也只能继续使用其软件资源和更新产品，导致研学旅行学习成本非常高，且面临需要持续投资的问题，因此许多学校都没有办法引进大量学习资源供学生们使用。新兴技术本身是具有共享性和兼容性的，随着技术成本的逐渐降低，新技术设备和新技术资源也将逐步大量投入教育教学。因此，需要在资源开发的层面上进行技术的统一和政策的引导，以解决研学旅行资源开发主体分散和资源兼容性、共享性的问题。通过国家统一制定研学旅行学习资源的内容标准、技术标准和平台标准，以招标的方式让企业进行开发，这样不仅可以保证资源内容的权威性、技术上的统一性，同时还能大大降低学习资源的使用成本，很多资源在官方的平台上就能免费获取，也能将优质的资源上传到平台上供更多人使用，真正实现研学旅行学习资源的共建共享。

二、现实场景体验

基于新兴技术的现实场景体验式研学旅行主要是指场馆研学旅行，学生的所有互动主要在场馆中开展，通过各种新技术将全国各地的研学资源通过虚拟现实、增强现实、混合现实等技术向学生们进行展示，并让他们在这种沉浸式的体验中深切地感受到研学地的历史文化和环境氛围。各地可以建设此类学习空间或场馆，引入虚拟现实、增强现实、混合现实等新兴技术开展研学活动，降低因为长途奔波带来的研学旅行风险，节约一定的学习时间。

（一）建设科技型研学旅行体验馆

科技型研学旅行体验馆是贯彻落实科教兴国战略、提高学生科学文化素养的重要科普教育基地和精神文明建设基地。在科技型研学旅行体验馆里，可以开设许多不同类型的课程。比如科技课程，可以培养学生的科学素养和解决问题的思维能力；创客课程，可以培养学生的动手能力和技术能力，提高学生的计算思维能力。科技型研学旅行体验馆的建设需要合理规划、科学布局、空间完整、主题鲜明，馆内可根据不同的科技主题划分为不同的展馆，可以有3D打印体验馆、机器人体验馆、AR/VR体验馆、STEAM体验馆等，需要多种新兴技术的支持。学生对科技体验的接受程度是不一样的，体验馆应当根据学生的不同年龄层次和认知程度来设置不同的体验课程。面向6—12岁低年龄段学生的体验展馆应当以培养学生的动手能力、专注能力等为主，通过一系列生动活泼的科技娱乐活动，让学生参与到科技实践中来。作为研学旅行的科技体验馆，自然要将文化知识渗透到每一个展馆、每一种课程中，如在机器人体验馆、STEAM体验馆等，老师可以在课前向学生们构建一定的故事情境，比如战士们输送粮食和物资等十分危险，如果能有机器人来帮忙搬运就更好了。在一定的情境下抛出一个需要解决的问题，之后再让孩子们一边动手搭建机器人，一边思考如何让机器人完成来回运输货物的功能。面向13—18岁较高年龄段学生的体验馆应当以培养学生的逻辑思维能力、计算思维能力、创新思维能力等为主，通过让学生亲自参与科技活动，体验到科技的奇妙，激发他们对科学的崇敬和对探索科学的向往。VR/AR体验馆、光控飞机体验馆、可视通信体验馆以及一些声光电展示多媒体展馆等，都是学生们十分青睐的项目，这些技术也是研学旅行最好不过的载体，学生们可以置身在一个非常真实的环境中，去学习如何控制光控飞机的飞行、如何进行战地通信等，从而促进知、情、意、行共同发展。

（二）建设智慧型研学旅行基地

研学旅行基地是贯彻立德树人根本教育任务，帮助学生了解历史文化知识、培养创新精神、提高动手能力和团队协作能力，培育具有新时代精神的青少年的重要思想教育基地和实践教育基地。研学旅行基地的职责是让学生通过体验军事化的集体生活、高强度的体能运动、多样化的生活实践、真实氛围的情感熏陶来培养学生艰苦朴素、令行禁止的生活作风，敢为人先、无惧牺牲的思想境界，以及热爱祖国、服务人民的高尚情操。建设智慧型研学旅行基地，就必须应用到更多的现代科技手段，不仅要能够增强研学旅行活动的教育性、学习性、趣味性和安全性，同时还要能够帮助老师更方便地对全体学生进行管理，让老师能够及时地获得学生们的学习反馈，更有针对性地帮助学生学习。

智慧型的研学旅行基地需要通过数字化、网络化、智能化和多媒体化相结合的方式提供新技术研发、硬件装备和内容开发等研学旅行的个性化产品定制服务。

研学旅行基地的建设可以分区域设置：室内活动区和室外活动区、传统实践区和科技体验区、交互式学习区和体验区。在科技体验区内，可以使用计算机辅助设计、无人机、机器学习等新技术手段来增强研学旅行活动的趣味性，激发出学生强烈的学习欲望；在交互式学习区和体验区内可以打造VR、AR体验区和四维影院，让学生在主动进行互动的同时能舒缓身心，还能观看主题影片。

三、混合式研学旅行

混合式研学旅行未来也将得到发展，一般是结合当地现有教育资源，并通过网络访问虚拟仿真的研学旅行基地等开展研学旅行活动，线上与线下的结合增强了学习的生动性、全面性和趣味性，丰富了研学旅行的内容，并能系统性地展示研学旅行所需要表达的精神内涵。线上线下混合式研学旅行的基本技术保障是互联网技术和虚拟现实、增强现实、混合现实等新技术的综合运用，线上可以采用网络的虚拟场景配合研学旅行活动，线下采用虚拟现实、增强现实、混合现实等新技术进行体验式、观摩式、参与式的研学旅行活动，强化学习者对研学内容的理解和认识。

研学旅行与新兴技术的充分结合是其今后演进转型的必然结果，但在此过程中还面临着一些人才培养和行为规范的问题。利用新兴技术支持研学旅行的发展绝不仅仅是大量地在教育教学过程中使用新型技术设备这么简单，要想最大化地发挥新技术的效用，就要让教师们了解和掌握新技术的特点、使用方法和适用范围，让教师们灵活地将各种新技术应用到自己的教学中。因此，建立健全研学旅行的人才培养模式和行为规范准则，也是亟须研究的一大问题。

基于新兴技术开展研学旅行是新事物，对于当前培养学生的核心素养，提升学生的综合能力，传播优秀文化知识等方面有着非常重要的意义。开展新兴技术支持的研学旅行，有利于降低因实地旅行造成的社会风险和时间成本，拓宽研学旅行的边界，尤其是基于互联网开展的研学旅行活动，让师生通过网络可以访问到全国各地乃至全世界的研学旅行教育资源，极大地丰富了教学资源，并提供了新的教学途径。研学旅行在发展的过程中需要创新。新兴技术的产生会推动研学旅行的发展，反过来研学旅行发展的需求也会促使一些新技术的产生。未来对研学旅行的发展规划一定要着眼于本质，即教育的本质，做到技术层面上的创新，研发专门的新技术来支持研学旅行，让新技术与教育的理念更加贴合，让研学旅行更好更快发展。